老北京公园开放记

王 炜 闫 虹 编著

學苑出版社

图书在版编目（CIP）数据

老北京公园开放记／王炜，闫虹编著.—北京：学苑出版社，2008.9

ISBN 978-7-5077-3147-7

I.老… II.①王… ②闫… III.公园－史料－北京市 IV.K928.73

中国版本图书馆 CIP 数据核字（2008）第 139807 号

出 版 人：孟　白
责任编辑：洪文雄
封面设计：甄婷婷
出版发行：学苑出版社
社　　址：北京市丰台区南方庄 2 号院 1 号楼
邮政编码：100079
网　　址：www.book001.com
电子信箱：xueyuan@public.bta.net.cn
销售电话：010-67674055　67675512　67678944
经　　销：新华书店
印 刷 厂：北京东君印刷有限公司
印　　张：12
开本尺寸：720 × 980　1/16
字　　数：170 千字
版　　次：2008 年 9 月北京第 1 版
印　　次：2008 年 9 月北京第 1 次印刷
定　　价：24.00 元

序

韩朴

本书的作者，是首都图书馆的地方文献工作者。他们写作本书的目的，不仅仅在于将北京的地方文献整理和开发出来，让学者们使用起来更加方便，而是更希望把地方文献中蕴含的地方文化和民族文化，通过公众喜闻乐见的方式和通俗的语言表述出来，让更多的人了解北京，热爱北京，进而达到传承和弘扬地方文化与民族文化的目的。

在这个世界上，每个民族都有自己独特的文化标识——共同的族源、共同的历史、共同的民族英雄、共同的价值观念和审美观念，以及共同的习惯与风俗。通过世代传承，这种民族文化植根于族人心中，并透过悠远的历史长河，积累成为丰厚的文化遗产。族人会为此而感到自豪，并在这一基础上取得本民族的文化认同。若是有人不能取得这种认同，便会被族人视为非我族类。这种独特的文化标识，正是一个民族区别于其他民族的精神特质，是维系一个民族的真正的根。

随着民族间的交往，民族的文化会通过多种渠道向族群以外传播，而各民族也会根据本民族发展的需要，主动而适度地汲取其他民族文化中的有益成分，进而融入并丰富本民族的文化。对于所有民族的文化传承和发展而言，这本是一件好事。然而，在这一过程中，主动与适度两个元素是非常重要的。任何一种民族文化都有自主生存的权利，若文化的交流或交融是在违背民族意愿的情况下进行的，或文化交流或交融的结果达到了喧宾夺主的局面，那就成为一种文化霸权主义的行为了。

作为上层建筑，文化的传承与发展不可避免地要受到经济形态的制约，各族文化在族内的传承效果和对外的传播影响能力自古以来就存在着强势与弱势之分。近代以来，尤其是近一个世纪以来，经济全球化的趋势，以及城市化和现代化进程的加速，本已使得很多民族文化的生态环境面临着程度不同的危机，对民族文化的传承构成了严重威胁，而某些强势国家更凭借着经济与军事实力，以商品和技术开路，并借助先进的传播手段，使其文化向世界各国倾泻。如今，越来越多的国家，包括很多经济相对发达的国家在内，都感受到自己的文化安全出现了隐患，他们越来越强烈地意识到，文化安全和国家安全、经济安全、意识形态安全一样，都是最大的国家利益之所在，而文化生存是民族生存的重要前提与条件。

中华文化是世界上最有特点的文化之一，是世界四大古代文明中惟一未曾中断而传承至今的文明体系，也是中华民族在历史与现实中自身选择的结果。捍卫、传承、弘扬中华民族文化，坚持民族文化的主体地位，已成为我国重要的文化安全措施，同时也是每一个中国文化工作者的神圣职责。

文献是文化的重要载体之一。中华民族自古以来便以历史文献的完整和系统著称于世。在浩瀚的中华文献中，地方文献历来是传承民族文化的绝好材料。它从特定地域的角度出发，对区域内的自然与人文现象进行全面、客观的记录和研究，反映了一个区域内的特有文化及其产生的背景，因而是研究一个地区、一个国家或一个民族的重要文献基础。对于特定区域、国家和民族说来，其文献价值是无可替代的。一个国家各地地方文献的总合，构成了国家文献的基础。从更广大的背景上来看，国家文献也是一种地方文献。

我国图书馆地方文献事业的开创者杜定友先生说："良以地方文献，非特为掌故史料之宝藏，抑且读之发人深省，使祖述先贤，爱护乡邦之念，油然而生。其影响于一国之文化，至深且巨也"①。三皇五帝、汉唐明清、五岳四渎、翰墨雅乐固然是中华文化的重要组成部分，但针对于每一个具体的华夏子孙而言，故乡的沿革变化、乡贤故老、坊巷村镇、俚曲民谣，由于近在身边，耳濡目染，也就更加直观，更加深切地引发人们对于乡土文化，乃至民族文化的自豪之情。

溯我国数千年以来的文明史，地方文献的撰写、整理和积累从未中断过。在20世纪中叶以前，地方文献的流通主要在私人之间进行，史料的整理、积累也大都由学者们分散进行。近代图书馆的出现，使文献史料的流通以及积累与整理的状况得到了大幅度的改善，但专门针对地方史料的系统积累和整理仍不多见。自20世纪40年代起，杜定友先生在广东省立中山图书馆首创图书馆地方文献事业，大力收集、整理和传播广东地方文献，开我国图书馆地方文献事业之先河。40年代中期，刘国钧先生掌国立西北图书馆时，建立了西北地方文献专藏。1958年，首都图书馆成立了专门的北京地方文献机构和北京地方文献专藏。时至今日，国内几乎所有的省级公共图书馆，众多的地市级、区县级图书馆，以及越来越多的大学图书馆、科研图书馆，都建立了有关本地的地方文献专藏，并围绕地方与民族文化，开展了有声有色的文化推广工作。

作为方国或国家的都城，古城北京已有3000多年的历史，古往今

---

① 刘毅.广东文化与广东文献.转引自：杜定友先生对地方文献的研究与实践.广东图书馆学刊.1986 (3) 29页

来的北京人培育出了灿烂而深邃的北京文化，成为华夏文化中的一个重要组成部分，而其中的大部分文化信息已经转化成为文献的形式。自首都图书馆创立了专业的北京地方文献机构，近半个世纪以来，已组建起相对完整、系统的北京地方文献专藏。文献类型包含了古今中外图书、报刊、学术论文、舆图、会议录、文件汇编、统计图表、谱录、文契、戏剧说明书、乐谱、音视频资料、金石拓片、历史图片以及北京地方文献的专用工具书等。同时也培育出一支热爱地方文献事业，学有专长，富于创造精神的文化工作队伍。

除了创建独具特色的文献专藏，提供传统意义上的文献借阅服务以外，北京地方文献中心始终坚持向社会各界提供多种形式的经过信息处理而完成增值过程的信息产品。近半个世纪以来，尤其是改革开放以后，先后编制了关于北京地方文献的联合书目、报刊资料索引和各类专题书目、索引，引导读者进入地方文化的大千世界；开展了针对信息用户个性化需求的专题信息服务，逐步形成了“量身定做”式的服务模式，为党政机关、科研教学机构、各类企事业单位以及读者个人提供了数千万字的专题信息资料汇编，受到了学术界和专业性信息用户的充分肯定。

然而此类产品所针对的服务对象大都是专业界和学术界，产品的基本形式也都是经过筛选和整理的原始文献，虽然具有明显的科学性和实用价值，但就传承和弘扬民族文化的角度而言，却并不适合大众的阅读需求。为了向更多的民众普及北京地方文献中丰富的文化遗产，自2001年以后，北京地方文献中心先后创建了“乡土课堂”系列讲座、地方文化系列展览等文化服务品牌，以面向全社会的科学文化普及为目标，采用主动选题的方式，深入挖掘北京地方文化中的积极成分。由于此类产品整合、调动了首都地区丰厚的智力资源，兼顾科学性、通俗性和趣味性，并采用公众喜闻乐见的传播方式，或是通过互动方式吸引广大公众的主动参与，因而引起了社会各界的广泛关注。

然而，也有不少热心的听众和观众提出，限于讲座和展览的即时性传播特征，一些优秀的信息产品很快就成为过眼烟云，因而非常希望首都图书馆能够将一些深受欢迎的文化选题以传统平面媒体或是音视频的形式整理出版，使热爱北京传统文化的读者得以手持一帙，卧游历史文化长河。

实际上，北京地方文献中心在组织与创作讲座和展览产品的过程中，也早已意识到这一问题。为此，在首都图书馆领导的全力支持下，他们除了将上述产品中的精华部分以音视频的形式在“北京记忆”网站上及时推出以外，进而陆续整理出一系列选题，与学苑出版社共同策划、推出这一系列图书。在这些选题中，有些是基于对北京地方文献中某种载体类型的系统整理，有些则是针对某一历史现象或历史事件调用多种形式文献类型的精心编排。但总而言之，都是将象牙之塔中的尘封文献梳理出来，揭掉那层神秘的面纱，推荐给公众，使更多的华夏子孙进一步了解我们的由来所自，为弘扬和推广我们的民族文化尽一份心。

由图书馆的文献工作者自己动手来撰写文化与科学普及作品，这是一种新的尝试。祝愿他们的努力能够得到公众的认可和喜爱。

目录

前 言

“旧时王谢堂前燕，飞入寻常百姓家”。1914 年，随着北京中央公园的开放，其他前清皇家园林、坛庙相继对公众开放。皇家禁地成为公众休闲空间，完成了从御花园到大众公园的角色转换。

作为数百年的历史都城，古城北京在城市规划与建设上取得了巨大的成就。然而，即便在其最辉煌的时代，其城市规划与建设却没有设计并提供过供普通平民使用的公共空间。近代公园的出现改变了北京传统的城市空间结构，是北京城市生活走向近代化的重要标识之一。公园的开放，促进了传统文化与西方文化的交汇融合，也显著地改变了北京人的生活方式和社会心态。

“老北京公园开放记”这个题目确定于 2005 年 8 月，写作历时 10 个月，选取农事试验场、中央公园、城南公园、京兆公园等七座公园，讲述了它们开放前后的故事，展现了近代公园对北京城市人文环境的巨大影响。2006 年 5 月，曾把主要内容制成 52 块展板，在首都图书馆展览两周，后来又在中山公园等处巡展。

利用历史图像和文字，让过去和现实进行对话，是我们编写此书的初衷。本书利用了北京地方文献多达400余种，包括地方史志、专著、论文、旅游指南、民国报刊、工作档案、摄影集、地图等等。书中所选百余幅图，绝大部分是首都图书馆馆藏的历史照片。在材料的编排上，我们做了新的尝试：从民国报刊中摘录出大量新闻、评论、游记等，构成了“纪录”部分，穿插在正文当中，援引材料的字数已几乎与正文相等。这些半文半白的语言读起来可能会让人感到陌生，但它真实表现了20世纪初变革时代人们的见闻、感受和社会心态。这种编排方式，使本书具有了即有传统的“一人叙述”、又有“众声喧哗”的特色。

这是我们刻意追求的效果，亦是图书馆人的职业习惯使然：注重资料的来源和产生时间，尽可能呈现文献的原生面貌，让读者在阅读参照中贴近历史，以获得“现场感”，理解古人，领悟历史发展的某些逻辑。

第一章
综　述

一、近代北京公园的开放

“公园”一词，古已有之，据《魏书·任城王传》记载，任城王曾经“表减公园之地，以给无业贫口”，大意是上书奏请减少官家的园林，以供给失去土地的农民耕种。这里的公园，专指古代官家的园林。我们通常所说的公园，是纯粹西方的、近代性的概念。据《辞海》称：“公园是供群众游乐、休息以及进行文娱体育活动的公共园林”，是城市公共空间和绿地系统的重要组成部分。

西方的公园最早出现于近代初期的欧洲，当时一些皇家贵族的私有园林向公众开放，从而形成最早的公园，如伦敦的海德公园。19 世纪中期，美国出现了经过设计规划以供市民游览的公园，如纽约的中央公园。

“公园”这一概念，是20世纪初期首次引入中国的。当时的先进人士之所以把“public park”意译为“公园”，目的是与中国传统的“花园”和“园林”相区别。

中国最早的公园是创办于19世纪60年代的上海外滩公园。20世纪初期，有人开始呼吁“中国京城宜创办公园”；“国中之偏隅小邑，犹可缓造公园，至于皇城帝都之内则万不可不造公园，何则皇城帝都者，万国衣冠之所荟萃其间，市廛繁密，车马殷阗，空气少而炭气多，无公园宜疏泄之，则不适于卫生，而疾病易起，是以各国京城地方皆有公园，且不第有一处之公园。”(《中国京城宜创造公园说》，摘自1905年7月21日《大公报》)

20世纪初，清政府派端方、戴鸿慈等大臣，出使西方诸国考察先进国家的政治经验。1906年10月13日，出使归来的端方、戴鸿慈等连上三道奏折，一奏军政，二奏教育，第三奏就提到了修建包括万牲园在内的公共设施。“各国导民善法，拟请次第举办，曰图书馆，曰博物馆，曰万牲园，曰公园”。光绪三十三年六月十日（1907年7月19日），作为农事试验场一个构成部分的万牲园（今北京动物园）开始售票开放，时间为早八点到下午六点。门票初定为20枚铜元，儿童、仆役减半，学生在老师的带领下可以享受免费待遇。尽管公园是西风东渐的产物，但在男女大防的问题上，还保留着传统的认识。规定先期开放的万牲园每逢周一、三、五、日对男性开放；周二、四、六对女性开放。无独有偶，同一时期的天津植物园、河北保定莲花池公园也有同样的规定。第二年，农事试验场也正式开放。

近代公园最本质的特点是公众性、平民性，虽然当时并未把万牲园列入公园范畴，但并不影响我们将“万牲园”看做是北京最早的公园，中国历史上第一家动物园，以及由中国最高统治者开放的第一座皇家园林。

但农事试验场毕竟僻处北京西郊，舆论开始敦促政府在城内也要速开公园。“住城市的，房屋稠密，空气混浊，人每日困在斗室之内，以至身体发软，精神疲乏，容易受病生灾。……我们的北京城里，应当立一个公共花园，虽然住在城内，仍可领略乡间的风味，换换空气，提提精神……可以借着公共花园洗刷人胸中的浊闷，增长人活泼的精神，这就是城市立公共花园的理由。”建议在北京城里，“立四个公共花园，设在东西南北四城，任人随意游览，不取资费，叫那一班囚居困处穷苦的男

海王村公园（今宣武区厂甸，1918年）

中南海公园（20世纪30年代）

中南海荡舟的游人（20世纪30年代）

中央公园后河泛舟（20世纪20～30年代）

妇老幼们，也得见天日。”并提出了如何布置公园：①修筑道路；②作游艺场；③立陈列馆；④设音乐所；⑤作池沼以养鱼族；⑥作小河；⑦作楼台亭阁；⑧多栽树木；⑨豢养各种禽兽。“总之，就是体贴人心，造成各样形势，以使人见景生情，因情受益。”（《公共花园论》，摘自1910年6月8～10日《大公报》）

民国成立以后，随着市政运动的发展，创办公园成为各地市政建设的重要内容。在各种市政报刊书籍中，有很多关于“公园”的论述。由于兴建公园需要较大的经费支出，所以各地在开办公园时一般采取两种途径，除拨地新建外，还开辟前代皇家或官家园林以降低成本。在江南、岭南一带较多新建公园，而北京作为五朝故都，皇家园林和坛庙众多，公园的建设多是通过改造旧园来实现。在降低成本的同时，这些原来的禁区或私密性区域本身也可以满足普通民众猎奇的心理。

1914年，北洋政府内政部长朱启钤提出开放京畿名胜，以求达到“与民同乐”。

1914年10月10日，由社稷坛改建成的中央公园（今中山公园）向公众开放。随后其他前清的皇家园林坛庙纷纷对公众开放。昔日的皇家园林，成为寻常百姓公共的休闲空间，完成了从御花园到大众公园的角色转换。

民国时期北京公园一览表

公园名称	开放时间	原址名称	主管机关
农事试验场（万牲园）	1907年7月19日	乐善园、继园、广善寺、惠安寺	农工商部
中央公园（中山公园）	1914年10月10日	社稷坛	中央公园董事会
城南公园	1915年6月17日	先农坛	京都市政公所
天坛公园	1918年1月1日	天坛	民国政府内务部下设天坛办事处
海王村公园	1918年元旦	厂甸	京都市政公所
和平公园	1924年	太庙	清室善后委员会
北海公园	1925年8月1日	北海	京都市政公所
京兆公园（市民公园）	1925年8月2日	地坛	北平特别市工务局
颐和园	1928年7月1日	颐和园	北平特别市政府
景山公园	1928年9月18日	景山	故宫博物院
中南海公园	1929年5月	中南海	北平特别市政府组织的董事会及委员会

◉ **记录：《市民请开放景山 胜迹荒颓殊为可惜》**

昨有北京市民姜绍谟等一百二十人致函清室善后委员会，请即开放景山，公诸当世，以免胜迹荒颓，兹照录原函如左：

查景山地处北京中央，高可俯瞰全城，松柏苍古，风景怡人，最适于公共游览之用。旧为清室占据，不使开放。弃置多年，日就圮废，京中人士莫不深惜。去岁义军反正，废帝出宫，禁悉由贵会保存，景山攸归国有，此实开放良机，急宜公诸国人。同人等居近景山，渴望之情尤切。用敢为贵会陈请，请即日开放作为公园。既为民众开一游览之区，又可藉以时加修葺，不致使胜迹有荒颓之憾，一举两得，实为公便。北京市民刘子达、刘钟骏、王心如、欧本鹏、姜绍谟、周游等一百二十八人同启。八月二十六日。

（摘自1925年8月27日《社会日报》）

《中国京城宜创造公园说》

公园之制度，自古有之，非创始于泰西各国也。特泰西各国，去古愈远，而公园之建设愈形美备。中国去古愈远，而制度愈湮耳。按孟子答梁王之说曰：文王以民力为台为沼，而民欢乐之，谓其台曰“灵台”，谓其沼曰“灵沼”，乐其有麋鹿鱼鳖。古之人与民偕乐，故能乐也，是即古有公园之明证。

公园者，可以骋怀、娱目，联合社会之同群，呼吸新鲜之空气。入其中者，即油然生爱国之心，显然获卫生之益。是以三代盛时，视此为必不可少之建筑物。迨乎战国而后，中国遂无公园。虽秦之阿房，汉之建章，唐之骊山，其规模宏大，古无其匹，然皆视为有天下者之私产，而臣民不与焉。独泰西各国之于此制，反相沿而不废。且复踵事增华，益臻完备。今则无论三家之村，一哄之市，亦莫不有一公园。若夫伦敦、巴黎、华盛顿、彼得堡诸处，更不可屈指数矣。

夫人之终日，劳其筋骨，役其心志，以从事于谋衣谋食之途，必有一休息游衍之时，亦必有一休息游衍之所，此西人礼拜之举所以不能废，而公园之制所以不可无也。抑于此犹有说者：国中之偏隅小邑，犹可缓造公园，至于皇城帝都之内，则万不可不造公园，何则？皇城帝都者，万国衣冠之所荟萃其间，市廛繁密，车马殷阗，空气少而炭气多，无公园宜疏泄之，则不适于卫生，而疾病易起，是以各国京城地方皆有公园，且不第有一处之公园。今中国之北京，市肆之盛、民居之稠与泰西各国等，而街衢之不洁，人畜之秽污，则尤非各国京城可以举似于此。而不设公园，其何以造福于臣民而媲美于各国哉？

窃见中国京城之内，如前门大街及东西牌楼、东西珠市等处，皆属车马辐辏、尘氛秽集之区，而其旁俱有开旷之地，颇可以起造公园。计每公园一所，如无重大之建筑物，而但略设亭台，多植花木，则创造之经费不过二万金。长年需人照料之经费不过二千金。中国公家之帑项，虽极支绌，然年来建一离宫，修一衙署，动辄糜费数十万以至数百万金。宁独于区区公园之经费而靳之哉？如谓此项经费当出于民间而不能动用公款，则城内各处极大之道场、佛寺，用以供奉木偶而无益于地方者，民间皆能合力以建设之，更不宜于此公益公利之公园，而视为缓图也。要之，公园之于社会，实有莫大之利益。泰西各国，每获一殖民之属地，除整理街道，推广市廛以外，必先构造公园。奈何中国以北京为首善之区者已六七百年，而于此项工程独无人议及耶！鄙人久居兹土，引为诟病，顾摅（注：发表出来）其一得之愚，与中国之当轴者一微商之。

（摘自1905年7月21日《大公报》）

《公共花园论》

兄弟今天演说的题目，是我们北京城里，应当立一个公共花园。众位知道，人住在乡村里，与住在城市里不同。住乡村的，房屋畅亮，空气洁净，人又每日劳动，或耕或种，或收或藏，所以身体强健，精神爽快，少有各样灾病。住城市的，房屋稠密，空气混浊，人每日困在斗室之内，以至身体发软，精神疲乏，容易受病生灾。所以泰西各国，为卫生起见，在人民众多的城镇，设立公共花园。为的是叫一总的人，虽然住在城内，仍可领略乡间的风味，换换空气，提提精神，虽不能如乡下人，日作劳动生活在清洁新鲜的空气里，却也可以借着公共花园，洗刷人胸中的浊闷，增长人活泼的精神，这就是城市立公共花园的理由。

兄弟周游西方各国，凡是人民众多的城市地方，没有不立公共花园的。及至来到大清帝国的京师，首善之地，竟没有个公共花园，这真是奇事怪事，而且是最可惜的事！按说中国现在正是改良的时候，北京又是一国的都城，原应当在一切维新变法的事情上，立个榜样，做个领袖，好提倡着叫各行省也效法改良。现今像这样的京师帝王之家，竟没有一个公共花园，不能为各行省立个规模，岂不是一件恨事！再者花园两个字，在中国也不是什么新名词。自古以来帝王之家、官宦之府，以及大绅衿、大财主，都讲究在自己宅院里立个花园，为的是游玩散心，消愁解闷，也含着讲究卫生的意思。惟独贫穷人可不然，落乡下的呢，栉风沐雨，戴月披星，住几间八面透风的房屋，吃两顿粗淡无味的粥饭。然而在这劳动寒苦的里头，能得一种天然的卫生，这也是大造格外的恩惠。至于住城市的贫苦人，可就难以为情了。所以为一切的穷苦人起见，应当设立公共的花园，庶几能使穷苦人，也沾沾实惠。诸君不记得孟子见梁惠王，对他讲的那篇与民同乐的大道理么？兄弟盼望现今有钱有位的人，也要存个与民同乐的心才好。自从早二三年，我朝廷在京西立了个万牲园，任人买票入看，总算是朝廷一番与民同乐的盛意。无奈离城过远，票费太多，有钱有工夫的人，倒还能去得。至于一切穷苦的百姓们，仍然是难得其门而入。

因此兄弟才说，应当在北京城里立四个公共花园，设在东西南北四城，任人随意游览，不取资费。叫那一班困居困处、穷苦的男妇老幼们，也得见见天日，这不算一件功德事么？或者说，中国处这维新过渡的时代，一切当改当革、当兴当举的事很多，总应当先其所急，后其所缓，舍弃小者，志其大者，公园一事，总算是小节目，暂且不作未为不可。谁如此说，大谬不然。因公园与民生有莫大之关系，更有莫大之利益，如今且听我同大家研究研究：

（一）公园有益于卫生。想那些穷苦人们，整天家堆聚在两间小房子里，虽不能说是坐监，却也跟坐监差不多。地势不好，不能多得日光；空气不好，内中多含混浊。不是枯坐，就是死躺，一辈子不能活动活动身子。常说中国人好静不好动，不过是形势所迫，穷困所逼，渐渐养成一种好静不好动的懒习气就是了。试看中国的小孩子，也都是愿意父母抱着他上外边去玩耍，不喜欢老在屋里。中国人的性情，又何尝好静不好动呢？设若有个公园，叫人随便进去，也可换换空气，长长精神，活动活动身体，疏通疏通血脉，免得生一切的病灾，这岂不是于卫生大有益处么！

（二）有益于民智。贫穷人困守家门，一生所见所知的有限。设若有个公园，里头有好些个珍禽异兽，栽种些树木，陈列些品物。使进去的人，能见所未见，闻所未闻，知所未知，使人的眼界得以扩充，心思得以舒展，于开通民智上，岂不大有裨益么！

（三）有益于民德。人生在世，无论是哪种哪族的人，都有个求乐的心。贫穷人困坐一室，也是要求个快乐。于是乎赌钱啦、抽烟啦、闲谈啦、作戏啦，甚至于伤风败德的事，也作出来。设若有个公园，人可以在无事的时候，进去观观景，开开心，长点普通的学问，也就省得作那有损无益的事了，这不是有益于民德么！

现在文明的国民，讲究三育，就是体育、智育、德育，三育缺一，即不能为完全国民。如今公共花园，既然与民的体育、智育、德育，皆有帮助，皆有益处，有改良责任的人，岂可把公园一事，置于脑后么？所以这立公园的事情，是当今的要务哇！然而这公园里要怎样的布置呢？

论到布置的法子，虽无一定，但也有个普通的格式，全不外乎诸君所知道的：

（一）修筑道路：公共花园以内，来往的人数甚多，其中道路要分宽窄两类。有的是长驱马路，有的是弯转曲径，可以走马车，可以走人力车，可以走自行车，可以散步。叫一切的行人，没有磕足扬尘之叹。

（二）要作游艺场：可分两等，一等为青年人，如踢球、打球、赛跑各类场地；一等为幼童，抛线球各类场地。使各色人等都可以得操练身体的益处。

（三）立陈列馆：将本国的珍品古物与诸般制造陈列其中，使观览的人得师法乐成的益处。

（四）设音乐所：叫音乐界的人，按部就班入所习练，既可以增人的技艺，又可以助人的精神。

（五）作池沼以养鱼族：在西国有许多小孩子，喜欢带食物往公园里去喂鱼，仿佛拿这当本分似的。这里头能以练达人爱物的心，养成人慈善的性质，并且可以省得小孩子们整天家东跑西奔，学下流招是非去了。不但与小孩子有这样的好处，就是大人们，游走到池沼以上，也能悦性陶情，生一番特别的观感啊！

（六）作小河：引活水行舟船，使人取驾驶之乐。

（七）作楼台亭阁，以供人纵览畅谈之乐。

（八）多栽树木，令人得以乘阴纳凉，寻幽避嚣。

（九）豢养各种禽兽，以供人博物之乐。

此外还当布置之事，一时难以尽述。总括大意，就是体贴人心，造成各样形势，以使人见景生情，因情受益。论我们北京，现下有好些地方，已经粗具公园的体格，各处稍加修改，即可作为公共花园。如先农坛、地坛、日月坛以及别的大庙宇地方。我朝廷只要稍施不费之惠，在小民一方面，却就受福不浅了。中国目下改良，北京为各省领袖，如马路、自来水、电灯等事，都已应有皆有，其中所缺者，就是公共花园。若能再立了这公共花园，为各行省作个榜样，北京城倡之在先，各省城效之在后，中国必另有一番精神，于一切筹备立宪，自治进行上，定然大加速率。将来的效果，是我们万想也想不到的。众位请想想，立公花园，可不是北京城最紧要的问题么！

（摘自1910年6月8～10日《大公报》）

二、公园改变了市民生活

近代公园的辟设，改变了北京的城市空间结构，影响了近代北京市民的社会文化

在中央公园观金鱼的游人（20世纪30年代摄影）

生活，推动着北京近代化的进程。

中国传统的城市空间结构中没有专门向市民开放的公园。花园和园林完全归私人所有，不向社会开放。城市居民的公共活动场所主要是庙会、茶馆、戏园子、什刹海等。与公园相比，民间传统庙会嘈杂、拥挤，缺乏管理控制，人员鱼龙混杂，活动良莠不齐，商业气味较重，而且有较为严格的时限，不像公园可以每日开放。什刹海、泡子河、二闸、长河等北京少有的几处游览空间，虽可满足民众的一般观光需求，但因缺少环境治理和必要的游览设施，而不能保证安全性。“偌大的一个京城，虽然有什么什刹海、陶然亭等的，但不是局面太小，就是人力不到，况且又都是地处一偏，交通不便，全都不够一个公园资格”（摘自《社稷坛公园预备之过去与未来》）。

在创建公园以前，“没有一处敢寻那正大光明的娱乐，实在没有一处不寻那有损无益的娱乐。现在星期休息，中国已然通行，但是通都大邑，没有个正当的游玩地处，因而闹得多数男子，都趋于吃喝嫖赌的道儿上去。跟人家外国比较起来，人家寻乐，是有益于身心，中国旧社会寻乐，是无益于身心，一反一正，差的哪儿去啦。所以打算改良社会，当从不良的病根上改起，设立公园，便是改变不良社会的一种好法子。”（摘自《社稷坛公园预备之过去与未来》）

◉ 记录：《社稷坛公园预备之过去与未来》（节选）

人与人相聚而成家，家与家相聚而成市。一市之中，无论士农工商，老少男女，孳孳终日，大概都离不开劳心劳力两途。既然这一群人常处在勤苦之中，若没有一点藏休息游的工夫，必生出种种流弊。所以各国通例，每七天要休息一天，为休息的定期，每一市村，大小必有一两处公园，为休息的定所，以此来活泼精神，操练身体。我们中国人，从前不得这个诀窍，把藏休息游四个字，丢在一边，及至较起真儿来，虽然没有一天不作正事，实在没有一天真作正事，没有一处敢寻那正大光明的娱乐，实在没有一处不寻那有损无益的娱乐。现在星期休息，中国已然通行，但是通都大邑，没有个正当的游玩地处，因而闹得多数男子，都趋于吃喝嫖赌的道儿上去。跟人家外国比较起来，人家寻乐，是有益于身心，中国旧社会寻乐，是无益于身心，一反一正，差的哪儿去啦。所以打算改良社会，当从不良的病根上改起，设立公园，便是改变不良社会的一种好法子。

公园二字，普通解作公家花园，其实并非花园。因为中国旧日的花园，本属于一种奢侈的建筑品。可以看作是不急之务，除是富贵人家，真有闲钱，真有闲心，可以讲究到此，若是普通人连衣食住都顾不上，岂能还讲究什么盖花园子。若拿这个作比例，必以为公园之对于市，犹之乎花园之对于家，绝对不是必要之品，那就错了。公园通例，并不用画栋雕梁，亭台楼阁，怎么样的踵事增华，也不要春鸟秋虫千红万紫，怎么样的赏心悦目，只要找一块清静宽敞的所在，开辟出来，再能有天然的邱壑，多年的林木，加以人工设备，专在有益人群的事情上讲求讲求，只要使有了公园之后，市民的精神，日见活泼，市民的身体，日见健康，便算达到完全目的了。诸位要知道，北京城里，小户人家，所以爱站街的缘故，皆因是他们住的房屋，窄小龌龊，终日住在里头，气郁不舒，所以要到外边，吸点新鲜空气。一家如此，一市也如此。市民终日际往来于十丈红尘之中，没有一个散心的去处，就好比住在龌龊屋子里不准出门一般，又如同从前有科场的时候，入了号桶子似的，请问难过不难过呀？所以公园之对于都市，绝非花园之对于私人可比，简直说罢，是市民衣食住之外，一件不可缺的要素。

中国地大物博，各处名胜，指不胜屈，类如江苏的虎丘、浙江的西湖等等，都是天产名区，为公共娱乐之地，所以俗语说，上有天堂，下有苏杭，可见住居在苏杭的人，天然是享福气的喽。到了北方，天然风景，逊于南方。偌大的一个京城，虽然有什么什刹海、陶然亭等等，但不是局面太小，就是人力不到，况且又都是地处一偏，交通不便，全都不够一个公园资格。可叹皇皇国都，这么些年，就连个公园都没有，岂非是大大憾事吗？

京都市民如果知道公园关系重要，就该即早想个法子。虽然不必学法国巴黎、德国柏林，似乎一两处公园，这京城里是必须要的。但是一件，权利义务，二者相因，市民要享游览公园的权利，就得大家拿出钱来组织公园，不信就打听打听人家外国市民，对于市上公园，有多么重的担负吧。市政公所，以谋市民幸福为第一职务，总想让市民占些格外的便宜，乃特别想出法子，打算不用市民人人拿钱，设法给京都市上，添设一座极好的公园，于是社稷坛公园之预备，乃著手办理起来。

（摘自：1914年11月《市政通告》2期。注：《市政通告》，由京都市政公所于1914年12月开始编辑，“以发挥市政之精神，启迪市民之智识，并发表本公所知道文书为主旨”，是今天我们研究民国时期北京当政者发布政府法规，实施政策措施等的重要途径。京都市政公所成立于1914年6月，是北洋时期负责办理京都市政的专门机构。督办由中央政府内务总长朱启钤兼任，协办由京师警察总监兼任。）

1、娱乐功能

北京的公园开放之后，增添了一些配套设施，丰富了普通市民的社会文化生活，以中央公园为例。

餐饮设施：来今雨轩、上林春、春明馆。

娱乐设施：游船、绘影楼（照相馆）。

体育设施：台球房、地球房、高尔夫球场。

文化教育设施：音乐堂。

另外还有社稷坛、唐花坞等观赏景点。公园集休息、娱乐、教育、运动、文化等功能于一身，可以满足市民放松自我、享受自然、接受教育、聚会交际、强身健体等多方面的需要。

环境优美的公园，给游客以美的感受，也吸引了文人雅士，为那些喜欢在幽静的氛围中从事思维活动的文人提供了灵感的源泉。

漪澜堂和五龙亭以及沿着北海边的茶座，一到晚饭后，游客便坐满了。他们有的陪着女友，有的带着全家大小，有的邀集二三知己，他们安静地坐着，慢慢地喝着龙井香片，吃着北平特有的点心豌豆糕、蜜枣或者油炸花生，态度是那么清闲，心境是那么宁静。年轻的男女们，老喜欢驾一叶扁舟，漫游于北海之上；微风轻摇着荷叶，发出索索的响声，小鱼在碧绿的水里跳跃着；有时，小舟驶进了莲花丛里，人

一位老人好奇地端详着照相机（20 世纪 30 年代）

公园中的时髦女郎（20 世纪 30 年代摄影）

中央公园儿童体育场（20 世纪 30 年代摄影）

中山公园练武术（20 世纪 30～40 年代摄影）

像在画图中，多么绮丽的风景！（摘自谢冰莹《北平之恋》，1947年）

清末民初先进人士对公园的认同是与民主观念的深化紧密联系在一起的。公园意味着归公众所有，为公众服务。公园不仅仅是放松自我的空间，它还是一个多功能的空间，可以进行多种多样的活动。

受近代资本主义思想的影响，公园内容中普遍增加了文博、游艺、体育等公益设施，如公共图书馆、民众教育馆、讲演厅、博物馆、阅报室、棋艺室、纪念碑、游戏场、动物园及球场等，反映了新兴民族资产阶级、知识阶层和城市市民对公园新功能的要求。

公园是西风东渐的产物，逛公园成为文明生活的象征，自然也就成为展示新事物的窗口。

照相：19世纪中晚期传入北京，20世纪初仍是时髦之事。各公园开放后均专门开设了照相馆。农事试验场在1908年刚开放时，场内的镜真照相馆就开始营业。这是北京首家开在公园内的照相馆。照相馆在一楼放置一本《农事试验场全图》，列出场内24景，游客可以选景照相。公园内的照相馆多是商业的照相馆承租园内照相业务。如北海内的同生照相馆、庐山美术摄影社，天坛公园内的美丽照相馆。美丽照相馆还为垄断照相业务，以提高租价与天坛公园约定不得再有第二家在坛内作同样营业。

公共体育协会：1915年5月，在中央公园内建北京第一个公共讲习体育场所“行健会”。设有棋类、台球、网球、投壶、弓矢，并聘请武术教师教练拳术、剑术。只要定期交纳一定数量的会费，即可成为行健会会员，凭会员证可免费进入公园并享有使用、参加行健会一切设施、活动的权力。

集团婚礼：1928年，当袁世凯总统府及北洋政府中央机关迁出后，中南海公园开放。除一些市政上的零散机关，殿堂多空闲无用。1937年，北平市社会局为“改进习俗，提倡节约，尊重婚礼起见”，参照民间刚刚兴起的文明结婚仪式，在中南海公园怀仁堂举办“集团婚礼”。即若干对新婚夫妇在同一天、同一地点、在同一证婚人主持下，统一举行婚礼。为此，当时还成立了北平市社会局市民集团婚礼事务委员会，具体办理有关事宜。以后成为定例，日伪时期也沿用此办法。

2、教育功能

公园成为教育大众、培养民族主义精神的政治空间。公园在创办之初，就将“有益于民智”、“有益于民德”作为了重要的倡议理由。国民党在《三民主义教育实施原则》中更明确将公园定位为社会教育空间，以培养民众“三民主义精神”和社会公德，“陶冶民众情感”。京兆公园（地坛）在建设之初，就“期于公共游息之中，寓提倡教育之意”。

北京的公园除提供一系列娱乐设施以外，还设置了许多教育场所，并举办多种寓教于乐的活动，如图书馆、展览、讲演所、游园会等。

中央公园监狱出品陈列所（民国时期摄影）

京兆公园通俗图书馆（1925年）

1916年，教育部在中央公园里建成“中央图书阅览室”，不同于以前的私人藏书楼只向特定人群开放，市民们可以在这里借阅书籍、杂志和报纸；天坛公园里开设阅览室；北海公园内开设松坡图书馆、阅报室，并制定《北海公园阅报室阅览规约》；京兆公园内开设通俗图书馆等。各公园还经常举行各种文化展览和学术讲演，如“佛教讲习会”、“中国文化协会”、“尊经会”、“中国科学化运动协会”纷纷在中央公园设席开讲。

以中央公园为例，其在1934年举办过许多展览（见下表）。

中央公园书画展览会一览表（1934年）

名称	日期	地点	承办人
中画传飞所画展	1月1日至3日	碧纱舫	
南洋华侨文物展	1月27日至29日	水榭	吴雪生
国画联合展览会	5月19日至21日	春明馆	
兄妹国画展览会	5月24日至27日	春明馆	邵逸轩
邵逸轩画展	6月1日至6日	春明馆	邵逸轩
京华美术学院画展	6月8日至10日	水榭	
齐鲁大学书画展	6月10日至12日	春明馆	
北平美术学院画展	6月12日至14日	水榭	
天津撷芳画展	6月22日至7月1日	水榭	
扬仁雅集扇面展	6月29日至7月8日	春明馆	溥尧臣
金息侯画展	7月1日至2日	春明馆	金息侯
刘风虎西画展	7月7日至9日	水榭	刘风虎
徐北汀画展	7月7日至9日	碧纱舫	徐北汀
李白云画展	7月13日至15日	水榭	李白云
金石书画展览会	8月3日至5日	水榭	白仲坚
苏州正社画展	9月9 日至13日	水榭	
祁野耘画展	9月21日至23日	春明馆	祁野耘
金息侯画展	10月3日至5日	水榭	金息侯
中国画学研究会画展	10月7日至14日	水榭	周养广

（摘自《北京市志稿·文教（下）》）

中央公园画展（民国年间）

民国建立后，政府当局利用公园进行国家观念、民族主义宣传，在公园内建立纪念碑、纪念亭，这些纪念性建筑成为民国时期北京公园的重要标志。北京政府在第一次世界大战结束后，将原来建在东单的克林德碑移到中央公园内，并改为“公理战胜纪念坊”，“以便众览，亦雪国耻之意也”。

京兆公园二门（1925年摄影）

除此以外，农事试验场建有彭家珍等四烈士墓；中山公园内建有为纪念滦州起义的王金铭、施从云烈士铜像和为纪念“济南惨案”而建的蔡公时及诸烈士纪念碑等等。

更为典型的是在1925年开放的京兆公园。该园完全将民族主义意识空间化，园中建有“世界园”。“画地为图，以石代山，以草代水，以花木辨其国土，以旗帜志其国名”。“所有世界上名山、大川、都会、商埠、铁路、航线、岛屿、海湾，无不点缀尽备。而中国之地势，如各省、省会、五岳、五湖、长城及长江、黄河、珠江三大水，亦莫不分别清晰。又若吾国历来丧失之土地，租借之口岸，尤为精详”。

世界园的建设宗旨，在于“极力提倡国家主义，唤起群众爱国思想”。园门正面联曰：“大好河山，频年蚕食鲸吞，举目不胜今昔感；强权世界，到处鹰瞵虎视，惊心莫当画图看”。园门反面联曰：“要有国家思想；须具世界眼光”。横批是“勿忘国耻”。

公园成为塑造新型国民的重要教育空间，以开启民智、强国强种、塑造文明国民为目标。真正实践了建园者在公园入口处匾额中所写“化民成俗”的宗旨，以寓教于乐的方式向公众传输爱国主张。

3、政治功能

封建时代的北京，城市空间的使用权受到严格的控制，几乎没有供集会使用的大型场所，政治家们多在会馆、寺庙、茶馆、饭庄或家中进行秘密集会。公园的出现改变了这一状况，为人们提供了一个政治活动场所。

对民众团体而言，公园是集会的最佳场所，特别是大型集会游行，一般都选在公园进行。无论是当权者还是反抗者，都乐于利用公园这个公共空间，二者均看重公园较自由的公共活动空间和民众参与的广泛性。

今举几个在中山公园发生的事件，以窥全豹：

1918年11月底，为庆祝协约国战胜，李大钊在中山公园进行《庶民的胜利》演说。

1924年7月13日，北京学生联合会、北京大学等京内外50余团体及在京国会议员等各界人士230余人在中央公园举行反帝国主义运动大联盟成立大会。

1929年5月4日，北平各界在中山公园举行济南惨案周年纪念追悼大会。

1931年9月30日，北平市民众学校联合会在中山公园召开反日大会。

京兆公园讲演台（1925年摄影）

1946年4月21日，中国共产党北平地下组织在音乐堂召开国大代表选举协进会。

公园这个空间载体，成为社会组织集会、发表政治主张和进行民众动员的场所。

1925年3月12日，孙中山在北京病逝。19日，将孙中山灵柩由协和医院移到中央公园，安置在拜殿正中。23日开始由北京市全体国民党员致祭，24日起举行公祭。4月2日大殡，将孙中山遗体由中央公园移往西山碧云寺。为使北平有一个永久纪念孙中山的场所，河北省政府和北平市政府于1928年决定，将曾经停放过孙中山灵柩的原社稷坛拜殿，改建为中山纪念堂，中央公园名称亦改为中山公园。公园名称于当年9月5日即奉令更改。此后除沦陷时期以外，每年3月12日和11月12日都在中山堂举行不同规模的纪念孙中山活动。

中山公园并非北京所独有，而是遍布全国各地。孙中山推翻满清王朝，建立中华民国，他被尊为中华民国“国父”，成为民族主义精神领袖。具有民族主义象征意义的“中山”符号渗透于公园空间。据《日常生活中殖民主义与民族主义的冲突》一文统计，民国时期全国建成的中山公园约243座，偏远地区云南、贵州、宁夏都有中山公园。这是民国时期公园发展进程中一个极为特别的现象。

显然，中山公园不仅是民族主义象征符号，而且也是民族主义集会、举行仪式的活动场所，是民族主义话语宣传与实践的空间。时至今日，中山公园仍然作为民族主义精神象征空间并深入到人们的日常生活之中。

三、票价与市民消费

20世纪初期，北京币制较为混乱，“通行之币以银元为主，而以银毫铜元为辅。但后二者因滥铸与成色低减，皆已失其为辅币之价值。其与银元之兑换率，一随其所含之成色及其供给量而定。如十年前一元仅可换铜元一百五十枚者，而在调查时（1926年）则可换三百七十枚以上，足见铜子价格跌落之甚。”（陶孟和《北平生活费之分析》）故很多公园设有兑换所。如北海公园在《售票收款办法》中还作出以下规定：

一、前后门售票所应将当日大洋兑辅币铜元价悬牌窗首，在本日市价未报以前适用上日之市价；

二、辅币铜元市价应令银号逐日电告、登记，即将售票所市价牌更换。

这种现象在当时较为普遍，而于今较难理解。《天坛公园志》载：1922年，银价日高，铜元低落，二者相差太远，原定章程中银元每角按10枚铜元折价，且银元铜元并收，售票颇有不便，天坛管理人又被指控利用差价谋取私利。为求简便划一，10月26日，天坛入门券一律改收铜元，每张售铜元30枚。银元纸币均照市价折合。

我们通过《二十五年来北京之物价工资及生活程度》一书，对农事试验场（1908年开放）和中央公园（1914年开放）开放时的票价进行分析，计算方法如下：

	白面（元／百斤）	铜银元折换率（1银元）	白面价格	门票铜元价格	每张门票能购买白面量	瓦匠日工资（铜元）
1908年	5.75	109.6铜元	6.3铜元／斤	8铜元	约1.3斤	37
1914年	5.39	132铜元	7.1铜元／斤	10铜元	约1.4斤	50（按1911年计算）

从上表中，我们可以看出，当时公园的票价相对来说并不很高。但普通百姓是否消费得起，还要看家庭的收支情况。

陶孟和在20世纪20年代对北京48户家庭的收支账目薄进行过一项研究，从中我们可看出当时的消费支出情况。

六个月内四十八家五项支出平均数目表

（1926年11月—1927年4月）

家数	每家平均支出				
	食品费	房租费	衣服费	燃料费	杂费
支出（银元）	72.25元	7.63元	6.94元	11.48元	3.16元
百分比	71.2	7.5	6.8	11.3	3.1

杂费中包括交通、医药、卫生、装饰、嗜好、娱乐、教育等费用。其中娱乐费，平均每家支出0.01元。按当时的银元折合率计算（参考：《中央公园廿五周年纪念刊》中《二十五年来银元市价表》《本园票价历年折合表》），1926年中央公园门票16

个铜元，合银元0.44元；1927年门票20个铜元，合银元0.53元。

也就是说，在这六个月间，每个家庭用于开支生活必需品所占比例约为97%，而用于娱乐的钱，却不够进一次公园的。

1926年北京警察厅为筹备冬赈，将北京住户划分为五个经济群体，即极贫户、次贫户、下户、中户、上户。“所谓极贫户，乃指毫无生活之资者；次贫户，乃指收入极少，不赖赈济则不足以维持最低之生活者；下户者，乃指收入仅足以维持每日生活者。”此三者占全部住户的80%。基本的生存尚难以维持，“贫民手胼足胝，糊口劳劳，生计相煎，竭蹶不给，何暇讲求休养？”很难想象他们能够进入公园“洗刷人胸中的浊闷，增长人活泼的精神”。

“平市各公园，都要有门票才可以进门，虽然价目不多（最高是5分钱），但是在贫民看起来，是很重大的负担了，所以各公园里，我们找不到一个穷孩子在那里玩耍，这岂不失了‘公’的本意吗？”（詹叔霞《北平之现状及今后繁荣之途径》，载：《平等杂志》1931年第1期）陈独秀甚至感慨：“分明说是公园，却要买门票才能进去。”

北京近代公园的出现是随着城市发展的需要，以及中国其他城市的影响下应时而生的。它的初衷是希望在喧闹嘈杂的城市中为市民提供一个舒适宜人的休息环境，有益卫生，有益于民智，有益于民德。

近代公园的开放，促进了传统文化与西方文化的交汇融合，也促进了北京人生活方式的改变，对人们日常生活及社会心态产生了积极的影响。

◉ 记录：《北平的公园》

北平的公园，是真有着古气盎然的庄严伟大的，富于东方艺术的圣洁高雅，能使诗人们追怀古今，文人们所谓良辰美景的迷恋吧？那样的大而又花木楼阁甚多的，真是城市里的人们游目骋怀、旷心怡神的桃源境界了。近来已是夏神的季节，于是应时的公园里不用说即有人满之患，尤其文化城的摩登士绅，男女如云，也是其他地方不敢同北平市的公园一样来比美的。

我们先说“北海公园”和“中山公园”。因为它们是姊妹园有着共同性的，全是封建时代遗留给我们的，同时还是在北平市里唯我独尊的车如流水马如龙的胜地。自然一年四季这两处总可说是最好玩的地方，如“北海”古色的率真，松柏森森，小船荡桨，山洞白塔，的确幽妙得很。况且春有桃红柳绿，夏则茂林丛荫，秋则落叶浮水，冬则踏雪可以寻梅呢！慢说还有种种花草人物的应时点缀。而“中山公园”的灵雅素淡，虽然加了些最近修的时代浓装，那松柏森然，仍苍苍表现着古色古香。这里尽管是东方既白的黎明，或者是夜静更深，来这里探应时的奇花名卉，或呼吸新鲜空气的人，总是络绎不绝的。最多数是保姆领着小孩子，老爷携着太太及眷属等，情侣、学生、妓女……城市的形形色色，应有尽有地展览在那里。五龙亭（在北海）、长美轩（在中山公园）等的藤椅铺着白布的茶座，以及冰淇凌、汽水、饭庄、摄影馆，袅袅纸烟卷及脂粉香气……弥漫沸腾着达到荷花池畔、水榭亭上、土山塔上，不由人不羡慕北平的大公园了，哪儿都表现着太平天下的升平快乐气象。

（摘自魏兆铭《北平一顾》，1936 年）

《夜公园巡礼》

古城这个地方很早以前就被人们誉为较优的避暑地，主要原因也就因为名胜古迹较多的缘故，所以每当夏日，各园囿之地就都挤满了游人，尤其是在黄昏入夜的时候。这里我稍谈一下中山公园内的一点夜景，略充纸上消夏之物。

每当黄昏夕照的刹那，熙熙攘攘的人们，就从四面八方向公园这里聚集了，拉洋车的、蹬三轮的也都摆车在门口兜揽生意，夜色开始慢慢地浓厚起来。

一进门口，一缕清新的空气带着花香就扑上鼻来，心境为之一换。首先迎在眼前的就是一些画展的红绿条了，在水榭或者董事会两个地方差不多每天都有画展，爱好艺术的朋友，正可以在晚饭以后到这里来蹓蹓哪！然后我们就可以一直地走到后河边去，一片角楼暗影倒映在波心，再加上和谐的桨橹之声，正是诗意正浓的情景，一天的疲倦会整个被拂面的晚风吹散了。蹓乏了更可以随意找一张茶桌子坐下去，一壶水也用不了多少钱，看着小路上来往的行人，也是怪有趣的。最近入夏以来，这里音乐堂更添了露天电影，价钱很低，假若有兴趣的话也很可以购一张票，进去坐坐。也许又有人会觉得这里太罴乱了，那么在西南角上、水榭附近、假山石上，也有一些静谧的地方，远眺朦胧的街景，倒是消夏的一块好地方。进门不远，有一个小的儿童运动场，有小孩的人们，这里是一个很好游戏的场所。运动场之北，有数十座鱼盆，伫立在那里，静赏一下不同样子与颜色的鱼儿，也很有意思的。夜深之后，玩得适意了，漫步走出门口，街心已灯火满目了。

（摘自1947年7月3日《新民报》）

《旧都的平民公园什刹海昨日开幕盛况》

凭着湖光荷影岸旁柳荫迷恋游客，五花八门的小贩类似天桥

（新闻专校本市采访实习）盛夏沉闷的天气，最使人讨厌，所以一到夕阳西下，华灯初上的时候，公园里便挤满了游客，在那里纳凉散闷。但是公园究竟有二十枚门票的限制，以致不愿花这笔钱的人们不能光临。在地安门迤西，有一个很好消夏的地方什刹海，在夏季中确有相当的清幽。湖中绿水，点缀得特别有味。西边一池稻子，东面一池荷叶，清风徐来，送到鼻子一股荷叶香。岸上高柳，比诸葛亮的东风用处还大，简直是自然的凉棚。每至黄昏，湖光荷影，迷得游客不愿归去。

历年自端阳节到盂兰节七十来天，算这里开放的时间。茶社、饭馆、杂耍和小贩等五花八门，云集到那里。昨天是旧历五月初五日，所以格外热闹起来，猛然看来，和往年并没有什么异样。

什刹海尽管是平民公园，而很讲究的人去纳凉的也很多，所以什刹海无形中又分作两部，很容易看出来。小西湖茶社以北比较所谓高尚，以南就是地道的平民娱乐场所了。北面这段，或者是风景区，五六家茶社和几家饭馆、席棚连着搭起，棚后面完全露着，一方面也代替电扇，一方面可作岸望台。茶社伙计，招徕游客的技术颇高明，用各种口语使你照顾生意。棚外边有的把定价写上，如“茶资每位六大枚”，但是顾客仍是寥寥无几，使伙计们徒劳口舌，也许是头一天的缘故。北边一家饭馆，营业倒是不错，标榜着什么记爆肚，一锅一锅黑黝黝的灌肠、八宝莲子粥，是什刹海有名的特产，来逛的差不多都要尝尝，或者吃上几碗。不然的话，认为和到过故都而没有逛故宫、颐和园是一样的一个缺憾。

南部是一个杂耍场，好似变相的天桥，但是有些地方毕竟和天桥还是不同。卖艺的、卖吃食的、卖清凉饮料的，多得不胜分类。最好的买卖，要算冰镇酸梅汤，布满在各处。因为只要一大枚一杯，所以总是供不应求。小孩们围在一块一块的晶莹的冰旁，欣赏冰的洁净。二人摔跤卖艺的自己摔累了，也从好容易费尽气力赚来的

四五大枚中，拿出两大枚来，喝上两碗，败败心火。最热闹的还是唱小戏的地方。四郎探母，扮杨廷辉的会戴上白金框眼镜，用滑稽口吻，引得观众一阵一阵的捧腹大笑。

莲蓬还没有下来。昨天是头一天，游人下午最多。但是听历年在那里的一位卖玩具的老者说："现在的买卖，一年不如一年了，尽管怎样，也是卖不下钱来。这两年虽然不纳地租钱，还是赚不到钱。"由他这几句话，可以看出各业的萧条，原因或由社会不景气，人们没有闲钱花费在那里，也许是由于人们根本没有闲暇功夫到那里去消遣。

（摘自：1937年6月14日《世界日报》）

第二章 农事试验场开放记

拥有百多年历史的北京动物园的前身——农事试验场，始建于清光绪三十二年，即1906年。是中国开放最早的动物园，亦当仁不让地成为北京地区开放最早的公园。

一、筹建农事试验场

中国自古是农业大国，历朝统治者无不重视“以农为本”。到了晚清时期，列强入侵，国运衰颓，迫使清政府向西方学习先进技术，以挽救其岌岌可危的统治。这其中也包括“振兴农业”。要使中央的政策得到落实，京师作为首善之区，理应率先垂范，于是在光绪三十二年三月二十二日（1906年4月15日），由商部（后改称农工商部）上奏折，请示皇帝划拨土地，在京师筹办农事试验场。

这份奏折就相当于今日的“项目可行性报告”，首先从“富国之道首在兴农”讲起，参照美国和日本的先进经验，说明农事试验场项目的势在必行：

农事试验场大门（1908年摄影）

农事试验场场旗

圣鉴事窃维富国之道首在兴农。诚以农事为邦本所系，府度库支闾阎生计，大都取给于斯。泰西各国罔不以农事为重。美利坚以农立国，富甲全球；日本维新以来，农事改良，遂致物产繁兴，工艺发达。近闻日本之福冈、北海道等处，均有农事试验场或数百顷以至千顷，皆为劝农所设，此明效确然可证者。中国素重农业，第

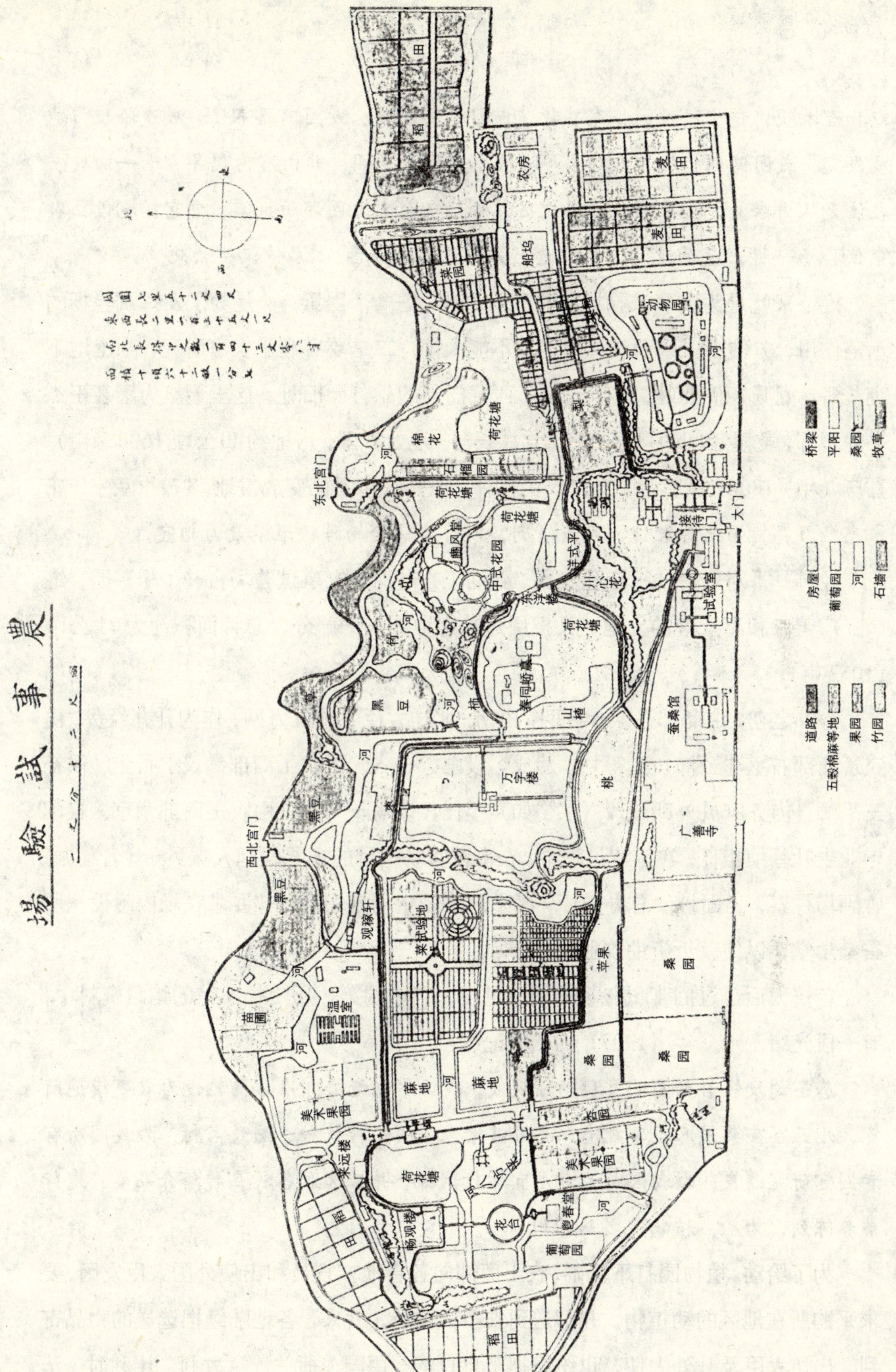
農事試驗場
大门
接待门
试验室
蚕桑馆
广善寺
万字楼
动物园
船坞
农房
麦田
稻田
菜园
棉花
荷花塘
石榴园
东北宫门
西北宫门
中式花园
洋式平台
豳风堂
黑豆
竹
河
桃
桑园
苹果
来远楼
畅观楼
花台
鬯春堂
葡萄园
美术果园
蔴地
温室
苗圃
观稼轩
谷园
房屋
葡萄园
河
石墙
道路
五谷棉蔴等地
果园
竹园
桥梁
平阳
桑园
牧草

农事试验场全图（清末）

以物理未明，绝少进步。推究其故，或因水利未辟，或因田器不精，或违物性，地质失宜，或因偶遇天灾，人功未尽。彼乡愚囿于见闻，非由官为倡导，于一切兴农之法无从讲求。……京师为首善之区，树艺农桑又为臣部所执掌。自宜择地设立农事试验场一所，以示模范。奏折递上去十天后，得旨："奉依议。钦此。"

接下来就是为农事试验场选地了，需要考虑两个因素：一是为了发挥试验场的示范作用，方便游人来观看，故地点不能太偏；二是要有利于农事研究，则土地不宜贫瘠，灌溉条件要好。商部选定了西直门外的乐善园旧址，这里最早为康亲王杰书的园邸，乾隆年间为皇家行宫，北靠长河，地处城郊，占地约40公顷（600余亩）。嘉庆九年（1804）裁拆后，允许农民耕种，至光绪年间已变成耕地，"园中屋宇、花木悉经毁弃。惟土脉肥饶，泉流清洌，以作为试验场种植灌溉最为相宜"。

经过一番对农民的拆迁和安置，到动工兴建时，农事试验场合并了乐善园、继园、广善寺和惠安寺的土地，又把周边的官地圈入一部分，总计面积约为71公顷（1062亩）。

筹办之初，由商部拨款十万两，由南、北洋大臣各解五万两，作为开办经费。由农工商部右丞沈云沛负责筹划。建成后设总办一人，由农工商部参议上行走、候补三品卿、内务府员外郎诚璋（字裕如）担任；设场长一人，由农工商部章京、农学毕业生叶基桢担任。在筹建过程中，农事试验场项目的主要发起人振贝子（名载振）曾到场视察，当面训谕总办诚璋，必须严格制定场规场纪。并要求在场内附设一所蚕桑学堂，以便就近资助农业。

慈禧太后也过问了试验场的建设进度。在中国第一历史档案馆的馆藏资料中，有一段光绪三十三年（1907）的档案记载：

慈圣询及经当面奏明，秋约可观成，现正筹划赶办。惟该场之设为农事模范所资，凡五谷蚕桑果瓜花草之类，品汇甚繁。必须广搜佳种，遍致名材。为我国所有者固宜研究改良；为我国所无者尤宜仿行试种。并拟选取各种鸟兽鳞介品类，先行豢养陈列，为动、植物院之基础用。

为了给动、植物园打下基础，农工商部向各省地方官员和出使外国大臣发函，要求采购所在地区的动植物，并解送到农事试验场。后来，各地陆续把选送的物品寄到。出访大臣及驻外大使，也纷纷把来自日本、德国、荷兰、意大利、比利时、法

农事试验场筹划人沈云沛

农事试验场发起人振贝子

农事试验场总办诚璋

农事试验场场长叶基桢

农事试验场全体执事人合影（清末摄影）

农事试验场的学员列队等候慈禧太后视察（清末摄影）

农事试验场中早期的兽舍（清末摄影）

国、英国、新加坡、美国、俄国、墨西哥、秘鲁、古巴等国的名贵花木种子及栽植方法的译文寄回北京。

曾出访德国的南洋大臣兼两江总督端方，为了讨慈禧太后的欢心，在这件事上格外卖力。他耗资九万马克（折合白银两万九千多两），从德国购进数十种130多只动物，包括象、虎、斑马、鹿、野牛、狮子、北极熊、猴、鸵鸟、鹭鸶、黑天鹅、白天鹅及鹦鹉等，送给农事试验场。这批动物远涉重洋而来，到国内后立即受到极大重视。先是暂养在广善寺旧址内，“将该寺之偶像拆弃，更于佛殿前安置铁栅，置虎豹于其中”，把佛门净地变成了虎豹家园，看来也顾不得“亵渎佛祖”之讥了。还用

农事试验场中的万牲园大门（清末摄影）

农事试验场中的农艺温室（清末摄影）

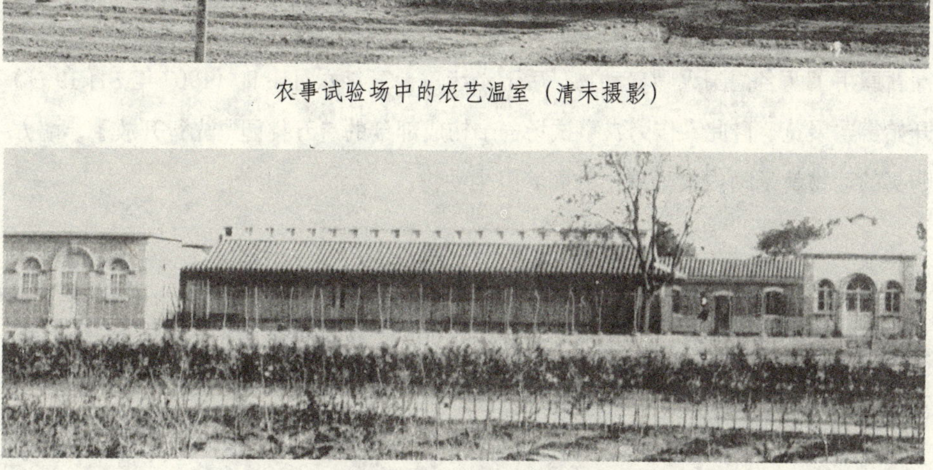

农事试验场中的育蚕室（清末摄影）

农事试验场之万牲园展出的八足马（清末摄影）

农事试验场中的菜圃茅亭（清末摄影）

农事试验场中的蔬菜实验地（清末摄影）

高薪雇用了两名德国人喟养动物。后于光绪三十三年六月十日（1907年7月19日）开始售票展览。自此，作为农事试场一个构成部分的“万牲园”先行开放了。端方购买的动物就是国内最早展出的圈养野生动物。

◉ 记录：《选购禽兽装运入京》

前出使各国考察政治大臣端午帅曾在外洋养兽园选购各种禽兽，刻已运至塘沽。闻于二十五日换装火车直至北京，交新设养兽园内豢养。共计五十九笼，内大象一只、斑马二匹、花豹二只、鹿八只、各种猿猴三十八头、大狮二只、老虎二只、袋鼠四只、养育羚羊二只、大猪一口、塘鹅二只、驼羊一只、野牛一匹、驼鸟四只、仙鹤六只、天鹅十四只、美洲虎一只、熊四只、美洲狮类大兽二只。

（摘自1907年6月5日《大公报》）

《动物园之概略》

农工商部之动物园应附于农事试验场内，现在修筑一切巢穴，尚难克日竣工。一切牲畜又未便久拘于幽柙之内，故权就左近之广善寺暂行喂养。俟新式巢穴筑成之后再行挪移。刻已将该寺之偶像拆弃，更于佛殿前安置铁栅，置虎豹于其中。月内即可布置完密，六月中旬即可售票，任人入内观览矣。又该园添派学生多名，专供喂养禽鸟之事；其饲养猛兽，则由所雇之德人专任其事。德人二名每名月支洋四十元，学生十余名每名月支五元，业经该园总办禀准部署矣。

（摘自1907年7月4日《大公报》）

光绪三十三年四月二十九日（1907年6月9日），清政府正式颁发“农工商部农事试验场”木质关防一颗，也就是公章大印，农事试验场从此可以独立向外联系业务了。全部工程建设大约持续了两年。光绪三十四年五月十八日（1908年6月16日），农事试验场正式开放，售票展览。它分为动物园、植物园和农产品试验三大部分，以展览植物为主，试验粮、棉、桑、麻、蔬菜、果木、花卉的栽培，还设有各种陈列室、标本室、试验室、茶厂和咖啡馆等。“纵士民游观其中，目与谋焉，心与习焉，所以兴起其农业思想”。这算是清政府为了“开通风气、振兴农业”而做成的一件实事。

◉ 记录：《农事试验场章程》

第一章　总纲

第一条：本场由农工商部筹款设立，名曰农工商部农事试验场。

第二条：本场为研究农业中一切新旧理法，凡树艺蚕桑畜牧诸事，均宜次第择要考验，以期全国农业日有进步。

第三条：本厂现分树艺科、蚕桑科、畜牧科、书记科、庶务科、会计科六门，其农产制造科、农田植物病理科日后酌量筹办。

第四条：本场各种试验及调查事项，每年出四季报告，以益农界而觇成绩。

第五条：本场为振兴全国农事起见，与各省已设之农事试验场互相联络以资取益。

第六条：本场为开通风气、改良农事起见，特于场内附设博览园，以便公众游览，得考察试验之成绩，发起农事之观念。并于博览园内设动物园、博物馆，藉以开通智识，及供学理之参考。

第七条：本场为便于实验起见，附设农业学堂，以期造就农学人才。

第八条：本场收获物产，除留存标本外，余均随时出售。

农事试验场毕竟是开放于封建帝制时代，与民国时的公园有一个显著不同，就是特别讲究“男女之大防”，严格规定分别购票。先期开放的万牲园是每逢星期一、三、五、日售男客票，只准男人入园；星期二、四、六售女客票，只准妇女入园。但这个规则执行起来就碰了壁，实际效果适得其反，所以两个多月后就被废除了。从那以后，社会舆论就把男女分日游览称为“陋俗”和“恶习”。

到农事试验场开放时，售票规则稍稍放宽，“无论男女均可购票，惟行止规则甚严”。据当时记载：“……大门东西两旁，各有小屋一间。东为入场售票处，分为南、西窗。南是官客（男人）售票，西是堂客（女人）售票。”“男票为白色，女票为红色，铜子八枚。孩童、仆役减半，另有半票。”“入场规则，由东门进，分为男左女右。”

◉ 记录：《商品陈列所》

奉天商品陈列所于二十日开办，院落规模颇为宏大。其游览章程仍沿男女分日陋俗，凡女客往观，不准亲属男子跟入。按创此章程者，动借口于中国人程度低下，男女同日恐致滋生事端。然试问女客游览之日，其中执事诸君为男子耶？为妇人耶？今摒逐其亲属，不准随同照料，而反任令诸轻薄，任意品题妍媸，肆无顾忌。如某某处之陈列场，已为通人所唾骂，是真中国人之程度低下，无可如何者矣！今农工商部之动物园，已革除此种恶习。主持其事者，为耆寿民、袁芸台两君。数月以来，并未闻滋生何种事端云。

（摘自1907年10月29日《大公报》）

二、万牲园

农事试验场建成之初，万牲园只占很小一部分，位于场东南部，面积1.5公顷（22亩）。里面除了端方从德国订购的动物，还有国内各省督、抚和出使各国大臣赠送的珍禽异兽。据宣统元年（1909）《农工商部章程》记载：万牲园内“建有兽亭三座，兽舍四十余间，鸟室十间，水禽舍、象房、鸟兽繁殖场及动物标本陈列室各一所。展览动物共约八十余种七百只”。

万牲园是中国首家动物园，所展动物又是来自全球，千姿百态，无奇不有。故京城市民无不好奇，竞相来观。有位化名兰陵忧患生的人，用诗句描述此情景：“全球生产萃来繁，动物精神植物蕃。饮食舟车无不备，游人争看万牲园”。又在诗注中指出：园内“罗致全球动植物各物，几至靡遗”。“舟车饮食，美备异常。逐日游人，真有车水马龙之乐”。

◉ 记录：《万牲园游览规则》

农事试验场万牲园开办在即，兹将所订游览规则备录于左：

万牲园本为研究学术扩充知识起见，故附属于农事试验场内，现因工程未竣，所有聚集中外各种动物，暂就广善寺旧址分门安置。俾都人士得以先睹为快，规模未备，大雅君子幸垂谅焉。

本园暂自六月十日起，午前八时开门纵览，午后六时闭门。

来园观览者先至售票处购票，经售票处验收，始得纵览。每票一张，铜元二十枚，小孩、跟役减半。

本园售票日期，男客以星期日及星期一三五等日；女客以星期二四六等日游览，以昭严肃。

凡有未经购票者，不得入园。即本园办事人之亲友亦不得擅入，以昭公允。若各学堂备文，有教员率领全体学生来园参观者不在此例。

观览者需循序周览，至各动物处，宜距圈栏稍远，不得任意戏弄以防危险。亦不得抛掷瓦砾食物，犯者议罚。

园内设有休息所，茶点均备，皆可随意购用。来客众多，恕不招待。

观览者需看本园所定出入口按序出入，不得拥挤。

（摘自1907年7月20日《大公报》）

光绪三十四年（1908）四月，万牲园开放不到一年，慈禧与光绪就来巡幸过。据记载，慈禧太后检阅一番后，“深喜其办理完善，特颁发内帑一千两，分别赏给园内各项人员”。后来还把她喜爱的一只小猴子御赐给万牲园。这么一来，一班王公大臣也纷纷效仿，把自己养的宠物送过来。有那桐送的锦鸡、奕劻送的鹿、振贝子送的石猴、袁世凯送的寿星猴等。

民国初期，动物主要由上海鼎兴泰商行帮助购买。1914年“末代状元”刘春霖担任场长后，添购孔雀、翠鸟、狮、猊、鳄鱼各种动物百余种，将场内楼阁亭榭修饰一新，还在动物科增加了动物剥制内容，开始自行制作动物标本。但园中始终缺乏管理动物的专业人才，动物繁殖极少，当动物患病时，更是束手无策，所以动物园的事业很难持续发展。

◉ **记录：《名园点缀》**

西直门外万牲园地方，京师党会时作勾留。现以园中动物未臻完备，近数日内由京津火车陆续运来白狮一对、花马二匹、梅花仙鹤八只、黑色猿猴二十余种。现又罗致中外名花，随时购置，名园布置点缀一新。

（摘自1913年6月16日《群强报》）

《异牛到园》

西直门外农事试验场，动物科科长鲁世昌，昨日由京南礼贤镇，购得黄牛一头，三条腿，前一后二，运往该场动物园，以便参观。

（摘自1917年11月12日《群强报》）

北平沦陷时期，日本侵略者占领了农事试验场。1943年8月，伪实业公署下达训令：“惟该场动物园豢有猛兽，值演习或空袭时，恐因音响惊逸栏外，致有伤人情事，应于事前饬看守人特别注意”。9月30日又下令说：“查该场动物园内所饲养之狮、豹计有十数余只，近闻患病者甚多，为免除传染起见，应即一律处置。”其实当时园内多数狮子均在2至7岁，有一只幼狮还在吃奶，根本没有生病。饲养员不忍心杀害它们，但日本宪兵队几次上门威逼，两个月后终于将所有狮、豹毒死。

1945年，侵华日军怕美国飞机轰炸，把动物园的场地作为其储备后勤物资的仓库，动物园已经名存实亡，仅存的13只珍禽被寄养在中山公园。

到了1949年新中国成立前夕，动物园里只剩下13只猴子，3只鹦鹉和一只瞎眼的鸸鹋了。

三、游息之乐园

农事试验场筹建的本意，是要在京师兴建一个示范农场，进行农作物的试验及优良品种的推广。而在实际建设时，慈禧和光绪曾多次垂训部臣，要注意风景，故场内建筑多带园林形式，景致优美，可供游览和娱乐。

畅观楼位于农事试验场的西北部，建成于1908年5月10日。是清末建成的最后

农事试验场中心的畅观楼（清末摄影）

畅观楼为西式建筑，崔嵬壮丽，精致美观。清光绪三十四年，慈禧及光绪帝先后临幸于此。楼内有德宗（光绪）及孝钦后（慈禧）驻跸之榻，及各种陈设物品。并有孝钦后所画花卉，悬于壁间。最高楼顶，西可远眺西山，东可俯瞰全城，山色市容，无不历历在目，名以畅观，最为贴切。楼前有池，中通石桥，左右列铜狮，扭捩机关，则向空喷水，下注于池。（摘自：白文贵《闲话西郊》，1943年）

畅观楼前喷水铜狮（清末摄影）

畅观楼前铜犼（清末摄影）

一个郊外皇家行宫，建筑风格为欧洲复古式。

宣统三年（1911）畅观楼开始售票开放，票价为每人二百钱。

1912年8月、9月孙中山三次来此处，参加广东公会、全国铁路协会、邮政协会、北京参议院及军警界为其举行的欢迎会，并发表演说，合影留念。

1916年，楼下大厅内摆放过两面特大的“哈哈镜”，均是紫檀镙钿边框，紫檀底座，制作十分考究。“哈哈镜”一面照人细长，一面照人矮胖，深得儿童喜爱。

豳（音“宾”）风堂位于场东北部，1908年初建成，为五大间嵌有冰梅玻璃窗的房屋。“豳风”，取意于《诗经》中《豳风》篇《七月》章，是“颂圣”的意思。堂外有宽大的游廊，廊下有院，院为铅板天棚。设有茶座，廊上是女座，院内是男座。院外沿荷花池旁，也设茶座，品茗观荷，风景绝佳。

这豳风堂不仅景致美，而且是很舒适的休息场所。1917年夏，这里举办过农林展览会，设有讲解人员。1929年至1934年，此处系招商包租，卖茶及各色糕点。1946年在豳风堂各处分设茶点馆及浮摊。解放后，又改为“大众餐厅”对外开放。

鬯（音“畅”）春堂在场西南部，1908年初建成。

清末，慈禧及光绪来场时，这里是随行高级官吏的休息场所。1912年4月，宋教仁任农林总长时，曾在这里居住，还在周围植了3株松柏。1913年，宋教仁被袁世凯密令刺杀于上海，为了纪念他，于1916年6月在堂北建“宋教仁纪念塔”，塔

农事试验场中心的豳风堂（清末摄影）

豳风堂，建筑宏敞，藻绘鲜华，东偏有假山，垒石而成山洞，西为纡曲之长廊。俯瞰荷塘，堂前有文冠树数株，为本场珍奇之品。左前有磊桥，累积青石，错综成为桥础。上架天然形青石板，不加錾斲，于自然之中，尤具巧思。堂西有牡丹多种，有亭名牡丹亭，与曲廊相通。其后面土山上，林木茂密，风景幽雅。再北，园后垣，昔辟有水门，游艇可由长河驶入园，今则门虽设而常关矣。（摘自白文贵《闲话西郊》，1943 年）

鬯春堂（清末摄影）

周围植松柏百余株。

另外，试验场内还设置了不少餐饮服务设施。茶庄有豳风堂、万字楼、观稼轩；饭馆有燕春园番菜馆（西餐厅）和燕宾园中餐馆。园内备有公共交通工具，游客可雇用人力车、轿子、游船等，船分为普通船和灯船两种。车轿由游聘公司负责，按固定路线，分段计价。

农事试验场有自设的“萃卖处”，出售本场出产的粮食、蔬菜、水果等。还卖过一些特产，如自制的番茄酱、晒干的象粪等。1928年后开始售票钓鱼，票价为整价100元，半价60元。

最特别的是，还有一家专业照相馆设于场内。此馆名“镜真照相馆”，在1908年农事试验场开放时，就开始营业。照相馆在一楼放置一本《农事试验场全图》，列出场内二十四景，游客可以选景照相。

《北平旅行指南》（马芷庠著，张恨水审定，1935年出版）是20世纪30年代在北平盛行一时的旅游手册，书中对农事试验场的风景有这样的描述：

跨高梁河为玉泉下游，夹岸杨柳，扁舟上下，风景绝佳。楼台亭榭，参差于山水间。飞禽走兽，搜罗万象。奇葩异草，点缀尤为精巧。有“豳风堂”、“观稼轩”、“来远楼”、“鬯春堂”、“停云轩”、“松风萝月轩”、“燕宾园”等处，依山傍水，景色天然。

由于农事试验场风景优美，服务周全，又富有珍禽异兽、奇花异草，所以它在建成后几十年间，意义大大超越了“示范农场”，也不单单是个动物园，而成了一座供人游览玩乐、令人赏心悦目的大公园。诚如20世纪30年代北平市政府编辑出版的《旧都文物略》所言：“此园特以风景之优，设备之富，又以地处城郊，不僻不嚣，空气既佳，交通尤便。故来游者，于实地研究动植物及观摩农事外，咸爱其景物，视为游息之乐园焉。”

◉ 记录：《重游万牲园记》（节选）

是日天气晴和，园内开农林展览会，往来男女丛杂如林，车马纵横，道路为之梗塞。余与友人观其门首，右侧悬一长牌，仍昔日所见农林试验场五字。盖此园系前清三贝子所创，畜养牲畜甚多，故名万牲园，至民国初年始改为农林试验场，此

农事试验场中的镜真照相馆（清末摄影）

农事试验场中的中式花园回廊（清末）

农事试验场中心的各式游船（清末摄影）

农事试验场中心———上船码头（清末摄影）

即万牲园之故址也。因其中开农林展览会，更添一番新气象。门前悬彩甚多，正中扎一五色彩匾，横缀“农林展览会”字样，旁立警士十余人维持秩序，男女出入均宴如也。余与友鱼贯而入，当先即为各职员之办事场所，抑均饶有点缀，未暇穷览。穿一横径出，则所谓植物园。无边辽阔，树木翳蓊，几亩麦田，半皆青色。听槐桑

农事试验场供租用的三轮车（清末摄影）

农事试验场中的肩舆（清末摄影）

游人在万牲园憩息（清末民初摄影）

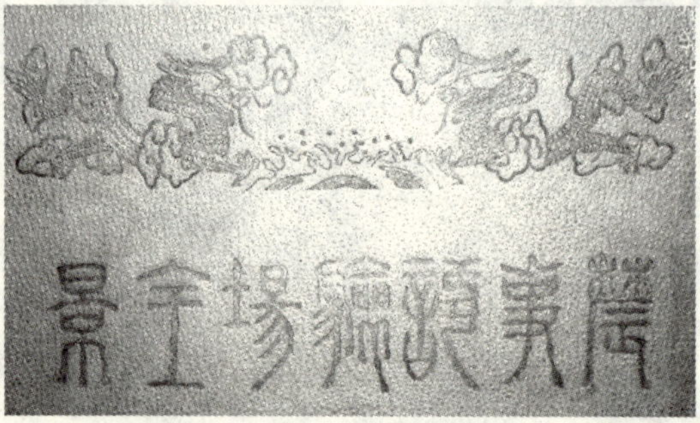

《农事试验场全景》书影（日本人上村龙之助摄影，日本东京神田区博信堂印制所出版，1909 年）

毵毵，梧桐潇潇，满目凄凉，居然秋日景象。徘徊瞻顾，间有飞鸟翔鸣，而落叶风

飘，堆盈蹊径，回忆前游，似乎今昔各殊也。散步而前，一溪水横流，盈盈无波，上垒浮桥，栏皆着画。前后湖水空明，残荷无枝，而沿堤杨柳，丰姿索寞，丛芦短荻，飞花若絮。瞥见一叶扁舟，游行于溪湖之内，波光荡漾，长天一色，恍然一江村景象也。

不数武，即为四烈士墓。丰碑屹屹，一冢四棺，曰杨（禹昌）、曰彭（家珍）、曰黄（芝萌）、曰张（先培），均为民国之死难者。然而烈士死也，而英杰豪迈之气犹存留于天壤之间，缅想风规，竟令人低徊不能去。

余友告余曰：鬯春堂不远矣，盍速往观乎！余遂随友折而西行，至鬯春堂门前。曲径通幽，石山假设。入其中豁然开朗，四围多藤蔓，延于曲栏回槛之间。阶下花木虽间就凋零，而翠竹苍松，夹玻窗以相掩映，固幽闲若隐士居。兼之菊蕊香浮，清入肺腑。堂中榻几均修洁可爱，俯仰徘徊，乐何如之！客有告余曰：此前农林总长宋君教仁息肩之地也，爰指所立纪念碑以为证。余读其碑，果然。嗟乎！人亡物在，屈指宋君教仁死后，于今三年矣！

既而前行里许，即到畅观楼。楼下百余步，有桥如新月，皆石造成，以花砖垒其上。桥之前面有石狮二，高与桥齐，异常雄骏。隔桥百步许，又有一塔互相对峙，此皆为楼壮观瞻者。楼纯洋式，布置分三层，下层陈列几榻屏帐及一切玩好之物；中层亦然，惟小房较多，房中各设一榻，帷幔皆用黄色，穷极奢丽。说者曰：此即前清两宫临幸之所也。上层别无陈设可述，惟势接重霄，登高眺远，可以赏心豁目，以故高人逸士恒往来于其间。凭栏一望，则见西山拱其前，都城环其后，茫茫千里河山，著带砺之雄，皜皜万民草野，有安宁之象。睹云烟而如画，觉宇宙之皆空，此皆畅观楼之所由名也。

维时日刚值午，友倦于游，遂下楼来豳风堂，而农林展览会之陈列在此。足始至门，见男女聚观者如堵。外设有演说坛，各职员分班演说，其宗旨总不过劝告农民提倡农林而已。里边陈列各色物品，种类颇多，不可胜数，大都不外关于农林者。予生从田间来，为农林之学曾实地练习，所见所闻稍具基础。我国农林初有萌芽，其所陈列均非心目中事，略一浏览，即前去观稼轩而息焉。然茅屋一椽，无甚佳玩，就中惟储藏各种花木甚多，观之亦颇怡情。少顷退出，向东径行约有二三里许，长亭短亭游览殆遍。俄而度一小桥，则动物园在焉。一入其中，有振翼而鸣者，有蹲足而吼者，珍禽异兽半由海外罗致得来。每至一处，即标有名称，使阅者一望而知其为何物也。

（摘自镜虚《余兴》，1917年3月26日）

《万牲园游记》

前天有暇，又值天气凉爽，游兴发作，约上族兄，作万牲园之游。饭后十二点起身，雇上胶皮，这就万牲园去者。

天虽微热，幸喜风不扬尘，不一时到了该园门口，买票而入。进了动物园，一一观看。其中以梅花鹿为最多，原先的虎兕以及各猛兽，多已不存。见有人买食喂豹，我等也过去看这个豹。豹见有人喂他，立刻就过来就食，大有驯顺之态。咳！也许与人一样，不论原先是何等作威作福，赶到了受制于人，也不能不摇尾乞怜罢！又瞧他在笼中来往走动，有缝就钻，意思是要钻出去。什么话哪！钻出去就能长威风吃人吗？

看完野兽，再瞧飞禽。各种各样，一时也说不尽。一边看一边走，不觉又到了植物园中。有一处叫什么出产品陈列室，写着随便入览。一想此处不可不看，于是进了屋子一瞧。正当中陈列一只麦牛，做得非常精致，上有几句麦牛铭，惜未带纸笔，未曾抄下。两旁屋中尽是本园出品成绩，本想细细浏览，无如有些饥渴，赶紧出来，打道豳风堂喝茶，又要了点肉包等充饥。微风习习，坐对柳岸荷塘，甚为有趣。移时茶足点心饱，付了茶资，重新上路。害虫标本、兽禽标本等等的屋子，无一处不去参观。最后到温室中流连半天，这才　怕烦隼础D�散辈畈欢嗟搅懞愣嘀悥娈　奔弊ド辖浩い　塒髦泵拧↓回家一想，逛万牲园有许多益处：第一是空气清洁；第二是园径甚长，借着游逛可以运动身体；第三是观看动物植物，以及各种标本，全都可以增长知识。至于新世界等处，除去人逛人之外，却没有一毫益处。如此一想，觉着这回逛的总算不冤，故此把它写出来，以告表同情者。

（摘自1918年9月25日《群强报》）

四、验票长人的传奇

20世纪前40年间，曾先后有4个两米多高的巨人在试验场门口验票。照片中的两个分别叫刘玉清和魏集贤，20年代末至30年代初受雇于试验场。他俩在验票时，时常弯下腰来和小孩逗趣，也时常踮起脚触摸大门上的砖雕。他们在当时远近闻名，成为农事试验场特有的景观。

验票长人（20世纪30—40年代绘图）

鲁迅在《马上支日记》（1926年发表）中记有："晚饭后在院子里乘凉，忽而记起万牲园，因此说：那地方在夏天倒也很好看，可惜现在进不去了。田妈就谈到那管门的两个长人，说最长的一个是她的邻居，现在已经被美国人雇去，往美国了，薪水每月有一千元。"

◉ 记录：《长人入园》

京西一家店乡人沈闰三，身高九尺五寸，一顿饭馒头四斤尚不觉饱。刻经农事试验场派入该园充当工役，以备观览。

（摘自1914年3月26日《群强报》）

《万牲园守门长人赴美——巨人刘玉清赴美》

北京万牲园守门巨人近为美国业影戏者雇用赴美，供演映中国影戏之用。该美人业于昨日携带长人赴天津美国领事馆，请领出洋认可证书。美副领事司密斯君偕同长人摄一影片。拟日内乘轮赴沪，转航渡美云云。按该长人系直隶保定府人，现年三十六岁，身长七尺四寸，充当万牲园守门数年，勤于职守，三年前曾一度被摄入影戏中。此次被雇赴美，未审农工商部已否知悉，并加以允许否。

（摘自1926年3月14日《北京日报》）

《以前万牲园的一对门神》

万牲园最初有一个高个儿，姓勾，我没见过，我只见过以后的老刘（玉清）、老魏（集贤），但他俩都不如勾某个儿高。

老刘比老魏先离开人世，我记不清了，那年不是大前年，就是前年，一个夏日的下午，我同天竞志新两兄出西直门，到万牲园门口，找一个茶馆坐下，邀老刘老魏过来谈。老魏先过来，他有自己特备的茶叶，沏上一壶，四个人慢慢谈，谈起老刘。那时老刘正病得厉害，老魏精神还很好，可是已经七十二了。

他把老刘在美国电影界的事，说得很详细。美国曾经以老刘为奇货可居，卖票参观长人。据说，那时美国最高的人，都不及老魏。不过，他们对于老刘的待遇很不好，简直像前些年对待黑人一样。

老刘照了几次电影，身体渐渐转弱。后来，不得不回国。登岸的时候，在船上险些遇害，因为，许多人都以为有钱，可以绑他，幸亏他自己带着两杆手枪，放了几下，别人不敢动手，才能平安登岸。不过，回国以后，他发誓不照电影，连照相也不肯了。

那一天，我们要和老魏同摄一张相片，做个纪念，老魏坚不肯照，只得罢了。老刘那天坐在万牲园门口木椅上，手里捧着一大块冰，冰着头。天竞问了他一句："病好一点吧？"他说："不行了，大概离死期不远。"谁也没料到，后来果然不在人世。

现在，老魏老刘相继病亡，又新换了一个高个儿，姓名我忘记了。不过这个高个儿，并不算太高，只比普通人高一头而已。由于老魏老刘之死，使我觉得中国"伟大"的人越来越少，可发一叹矣！

《咱们比比去》

可惜他死了！当年，万牲园那位收票的先生刘玉清，大概总还有人记得罢？虽称不起身高丈二，却也足有九尺开外。他所坐的椅子，就到咱们脖子高；他的鞋有咱们两只长；可惜是头并不大，跟咱们相仿佛，有些儿不称。我曾与他比过，刚刚到他的胸口，真可以说是今之巨无霸了。

他，没有什么别的本事，就是指着这个身量儿吃饭，万牲园之所以用他收票，也是为了这个。后来，美国的电影公司见他颇可以摄入电影，就设法把他请到好莱坞去，曾和陆克一同演过片子。不过，他对于电影却格格不入，也许是脑筋不甚灵敏，怎么也弄不好，于是又回来了。在好莱坞很容易发财，他却不行，回国之后，依然两袖清风。

在七八年前，他时常遛弯儿，打石驸马大街经过，穿一件灰布袍子，老套着青马褂，戴一顶瓜皮小帽，白袜黑鞋，低着头慢慢地走。每逢他走过，必定有人注目看着，那个儿高，脑袋老在人家房檐边儿上晃摇。身后头照例有一群孩子跟着，一边走一边说："嗬！好高！咱们比比去！"好，还不如他一条腿长呢。也许他也觉得自己太高了，有些不好意思，不问人家怎么说，怎么看，他总是低了头走他的路，连正眼也不去回看。瞧那样子，此人确是相当的忠厚老实。

有人告诉我，说他死了，不知真不真，若是的确，那怪可惜了的。

（摘自1939年11月25日《实报》）

《他是第一位》

第一次去看，大概是二十年代后期，门口收票的那位特大的大人物还健在。他是北京一景，逛北京的不可不看。据我的知见所及，连古和外都算在内，身量之高，他是第一位。记得前些年，什么报上曾介绍他，我一时懒怠，没有抄存，现在是不只身高，连姓名也说不上来了。只好说印象。其时收票的是两位，这位特大人物总是站在西偏。东偏的一位也是巨人，可惜对面那位太伟大了，于是他就成为小巫见大巫。专说西偏那一位，是游人离很远就会大吃一惊。惊的程度，是大到用夸张的话形容他也很难，除非到僧寺那里去求救，说他像天王殿里风调雨顺那四位中的一位。但他既朴实又和善，所以我买了入门票，总是愿意走向他，手上举，把票放在他前伸的掌心里，以过我的又接近一次伟大人物之瘾。

（摘自张中行《农事试验场》）

五、从农场到动物园

民国时期，农事试验场曾多次易名，先后有中央农事试验场、天然博物院、乐善公园、国营试验场等，但老百姓一直习惯叫它“万牲园”。1949年9月1日定名为西郊公园，当时公园内的动物园还仅占地1.5公顷，只有50多间兽舍、3座兽亭和一座猴山。1955年4月1日定名北京动物园，由郭沫若先生题写园名，接着建设进度开始加快，动物也陆续添丁进口。当年的“农事试验场”已经彻底脱离了农场的职能，动物园的职能迅速发展。

今日的北京动物园已是亚洲及世界大型动物园之一，也是北京的一处重要游览景点，它的教育和娱乐功能是其他公园无法取代的。每到儿童节，这里就成了无数孩子们的乐园。都市中紧张的人们走进动物园，身心得到格外的放松。他们在此看到自然景观与人文景观的相互辉映，体会动物和人的和谐统一，感受生命与自然的壮观神奇。

◉ 记录：《关于农事试验场乐善公园沿革组织及办理情形》

查农事试验场为乐善园旧址，原系前清御园。清光绪三十二年（1906）四月，由商部奏准改为中央农事试验场，经营布置，计时二年（1908），始告成立。民国十七年（1928），改为北平农事试验场。十八年（1929）十月，改为天然博物院。二十三年（1934）一月，复改为农事试验场。二十六年（1937）七月，因事变大半荒废，停止售票。同年十一月，恢复旧观，照常售票，任人游览。二十七（1938）年一月，改为北京特别市公署农事试验场。全场面积约一千零六十二亩。内部组织计分总务股、农作股、林务股，内设园艺室、蚕丝室、动物园等，外设西山果园、中华门行道树道旁花园、地坛苗圃、先农坛苗圃、北京林场等。二十七年四月，奉令划分农场公园两部所有水旱试验地、果木园、蔬菜园、林场、苗圃仍属农事试验场，其他如动物园、畅观楼等游览部分统划归乐善公园。嗣因年久失修，复于二十七年八月呈准分别应修、缓修两项，先就应修部分加以修葺，藉符发展观光事业而丽园容。

农事试验场距西直门外约二里许，俗呼三贝子花园、万牲园，现改为天然博物院。农事试验场系乐善园旧址、清之御园，光绪末始重修。全场面积约十顷余，风景绝佳，楼台与花草点缀，尤为精巧。清隆裕、慈禧太后每赴颐和园避暑时必入园游览，故畅观楼内而有御用之物。该园名万牲者，盖所饲动物甚多，备游人参观，如狮、虎、豹、狼、熊、猿、猴、象、鹿、鸵鸟、五腿牛、孔雀、各种鸟类达数百种，尚有动物标本室，改称为国立北平大学研究院动物学研究所、植物园、果园、豳风堂、挹翠亭、松风萝月亭、鬯春堂。园之西南动物标本室前有西式洋楼一座，名为陆谟克堂。陆系法生物学家，殁于故都，中央研究院建楼以纪念之。该园入门票系大洋一角，检票者为西城后大坑三义庙静修堂理门公所刘玉卿君。刘君体高，人躯干亦极魁梧，人咸谓之为大人，故游览之士当入门收票时，莫不为刘之堂堂大汉引以为异云。

（摘自《北京市志稿·建置志》）

《燕京纪行》

乃出神武门，乘洋车至三贝子花园，路经长春寺，过石桥，入火神庙胡同。北出经素云观，入四眼井街，西折旧桥街，由此可以北望什刹海，南瞻北海。再经过辅仁中学、东北大学、崇寿寺，即至三贝子花园。今已改称农事试验场，附设研究院生物部矣。此园地极宽敞，东有动物园，分部豢养各种动物，如狮子虎豹，以及孔雀鹭鹤、虫鱼鸟蛇，无一不全。阅毕北过观鱼桥，有亭曰松风萝月。有室曰荟芳轩。西折至豳风堂。堂前悬有乾隆御题额曰“壮肆声威”，联曰“鼓勇若雷霆，技操必胜；省机在星斗，业精于勤”。以联语度之，殆当年演武之地乎！窗阁之上，亦刻有乾隆御书四方。吾侪坐此饮茶毕，则时已过午。循藤萝架下而西南行，为来远楼，额曰“畅观”，楹曰：“池御迓龙旌　云成幄；轩窗骞象纬方旭扬晖”。室内联曰：“云峦四起迎宸幄，水树千重绕御筵”。楼梯上下以及地板，皆系地毯所铺。东西室各置铜床帏褥，皆以黄缎制成，闻系当年孝钦与德宗幸园时之寝宫。及登上层，游目遐观，云山苍茫，绿树荫浓，诚消夏之佳境也。再西过鬯春堂，庭前有大铜狮，承以石座，栩栩如生。吾人集此，又合摄一影。此去南行为植物学研究所，舍前镌有“陆谟克堂”四大字。再至动物陈列所，此所原为广善寺旧址，内有乾嘉时重修碑二，现陈列水陆各种动物标本。

（摘自孙宝田《燕京纪行》，1935年）

第三章 中山公园开放记

民国初年，时任北洋政府内务总长的朱启钤先生发起“公园开放运动”，首先把明清两朝的皇家社稷坛改建成中央公园（1928年改名中山公园），于1914年10月10日正式开放。中央公园的开放虽然晚于清末农事试验场（1908年），但它是北京第一座经过精心规划、由皇家坛庙改建成的大众公园，集中体现了建设者的远见卓识。朱启钤这一“精品工程”具有无与伦比的典范意义，对后来先农坛、天坛、北海、地坛等公园的开放，都产生了深远影响。

一、草创

1913年春，隆裕太后去世，在太和殿治丧。当时的交通总长朱启钤负责现场照料，就借此机会到社稷坛巡视。社稷坛本是皇家禁苑，一般人进不来，因为辛亥革命把皇帝赶下了台，祭祀活动早已停止，所以这里已经十分荒凉。朱氏所见园中的景象是：“古柏参天，废置既逾期年，遍地榛莽，间种苜蓿，以饲羊豕，……渤溲凌杂，尤为荒秽不堪。”他觉得十分可惜，就萌生了开辟公园的念头，但一时还无从措手。根据清室优待条件规定，废帝溥仪应把皇宫交给政府，搬到颐和园居住，但这项条约一直拖延着没有实现。

1914年，朱氏已改任内务总长，为了安排从承德热河行宫运来京城的文物，他

朱启钤（1872～1964）

字桂辛，号蠖园，贵州开阳人。曾担任过清末京师大学堂译学馆监督，东三省蒙古事务局督办、津浦铁路北段提调等，在北洋政府中担任过交通总长和内务总长。民国初年督办北京市政，改造北京城市与交通格局，建设环城铁路、改造正阳门和创办中央公园是其三项突出政绩。1919年起致力于开发北戴河。1929年组织“中国营造学社”，研究中国古建筑。

建议政府与清宫交涉，令皇室把三大殿以南包括社稷坛的地方让出，改由北面的神武门出入。这样，政府获得紫禁城南半部的管理权，朱氏改建公园的事就提上日程了。

朱氏选择社稷坛作为园址，是颇有眼光的。此处“地址恢阔，殿宇崔嵬，且近接国门，后临御河。处内外城之中央，交通綦为便利，以之改建中央公园堪称首选”。但要清理荒秽、兴起土木、建成理想的公园，却不是轻而易举的事。首先需要大笔的钱，当时政府无力拨款，朱启钤又不愿坐等，于是邀集军政各界及旅京绅商98人为发起人，向热心公益人士及社会团体倡议募捐，在启示上写道：

京师首善之地，人文骈萃，阛阓殷繁，向无公共之园林，堪备四民之游息，致城市之居�阒为患，幽邃之区荒芜无用。果能因地扩建，仿公园之规制，俾都中人士，休沐余暇，眺览其间，荡涤俗情，怡养心性，小之足以裨益卫生，大之足以转移内俗。

他在字里行间流露着对公园事业的殷切期望。这番为民谋利的创举得到了一些有识之士的响应，经两次募捐共获大洋5万多元，其中朱氏自己就捐款1000元。

朱启钤拿着这一点钱，天天到园内（今南坛门外小屋）筹划安排。为了解决人力的问题，他请求步军统领江朝宗指派工兵营全营士兵协助。从1914年9月开始，

中央公园新开辟的南门（民国年间摄影）

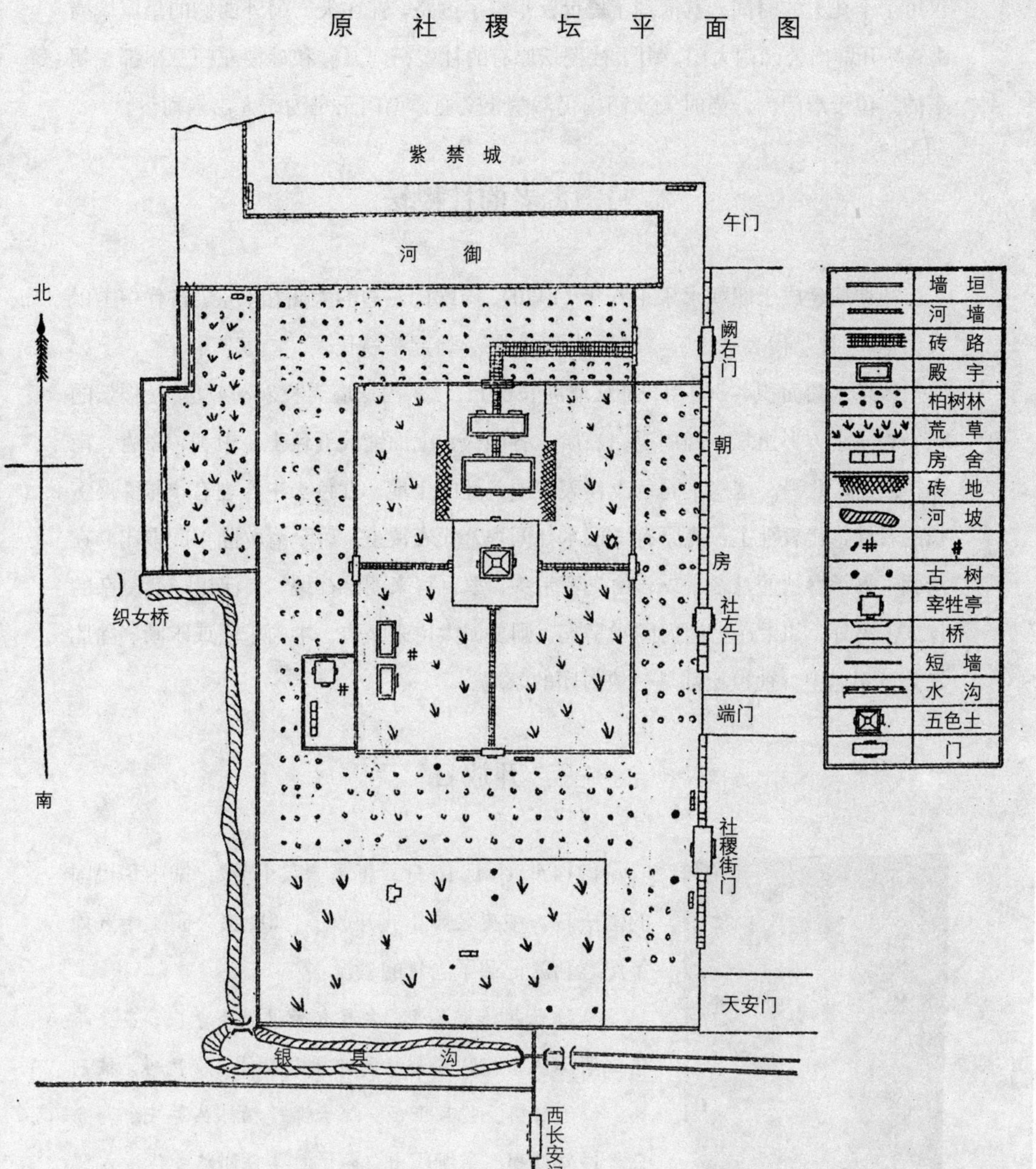
原 社 稷 坛 平 面 图
紫禁城
午门
河 御
北
南
阙右门
朝
房
社左门
端门
社稷街门
天安门
织女桥
银 具 沟
西长安门
墙垣
河墙
砖路
殿宇
柏树林
荒草
房舍
砖地
河坡
古树
宰牲亭
桥
短墙
水沟
五色土
门

社稷坛平面图（明清时期）

仅用了十几天的时间，就清理了庭园、平整了道路，并在天安门外西侧的皇城城墙上，新开辟出公园南大门。由于社稷坛原有的社稷街门五楹和社稷左门三楹都是朝东的，位于端门内，当时天安门内仍然禁止交通，南门正是为游人出入而设。

二、古老的社稷坛

社稷坛建成于明朝永乐十八年（1420），与端门左边的太庙相对应。古代中国以农为本，“社”代表“土”，“稷”代表“谷”，合起来就代表“国家”。

该坛水陆面积共362亩，外坛墙周长671.2丈，内坛墙周长268.4丈。社稷坛的核心为一个方形土坛，四周砌白石阶，各四级，上面铺放五色土：中黄，东青，南赤，西白，北黑。这些不同色土代表中国各地的土地。五色土中心埋有一根2尺多长的石柱，代表社主；另原有一根木柱同埋，代表稷主，后于清乾隆年间取出。在清朝，每年春秋仲月之上戊，由皇帝带头，率百官来朝拜社稷，要演出一套复杂的仪式。另外，如果遇上国内闹水旱灾，则要派大臣来祭告，求雨求雪或求晴。除此之外全年之中，社稷坛都是一块封闭的禁地。

三、开放日

中央公园二十五周年纪念刊（1939年出版）

1914年10月10日，正是“双十节”，即中华民国的国庆日，中央公园正式开放了。《中央公园二十五周年纪念刊》记载了当日的盛况：

于时五色旗交叉于门，黑衣警卫满布于内，各要路竖立消防队布棚。男女游园者数以万计，蹴瓦砾、披荆榛，妇子嘻嘻、笑言哑哑，往来喋蹀柏林丛莽中。与今日之道路修整，亭榭间出，茶寮酒肆分列路旁俾游人憩息，得以自由，朴野纷华景象各别。然彼时游人初睹宫阙之胜，祀事之隆，吊古感时，自另具一种肃穆心理。

不难想象，在皇城脚下、窄巷小屋里居住了多年的

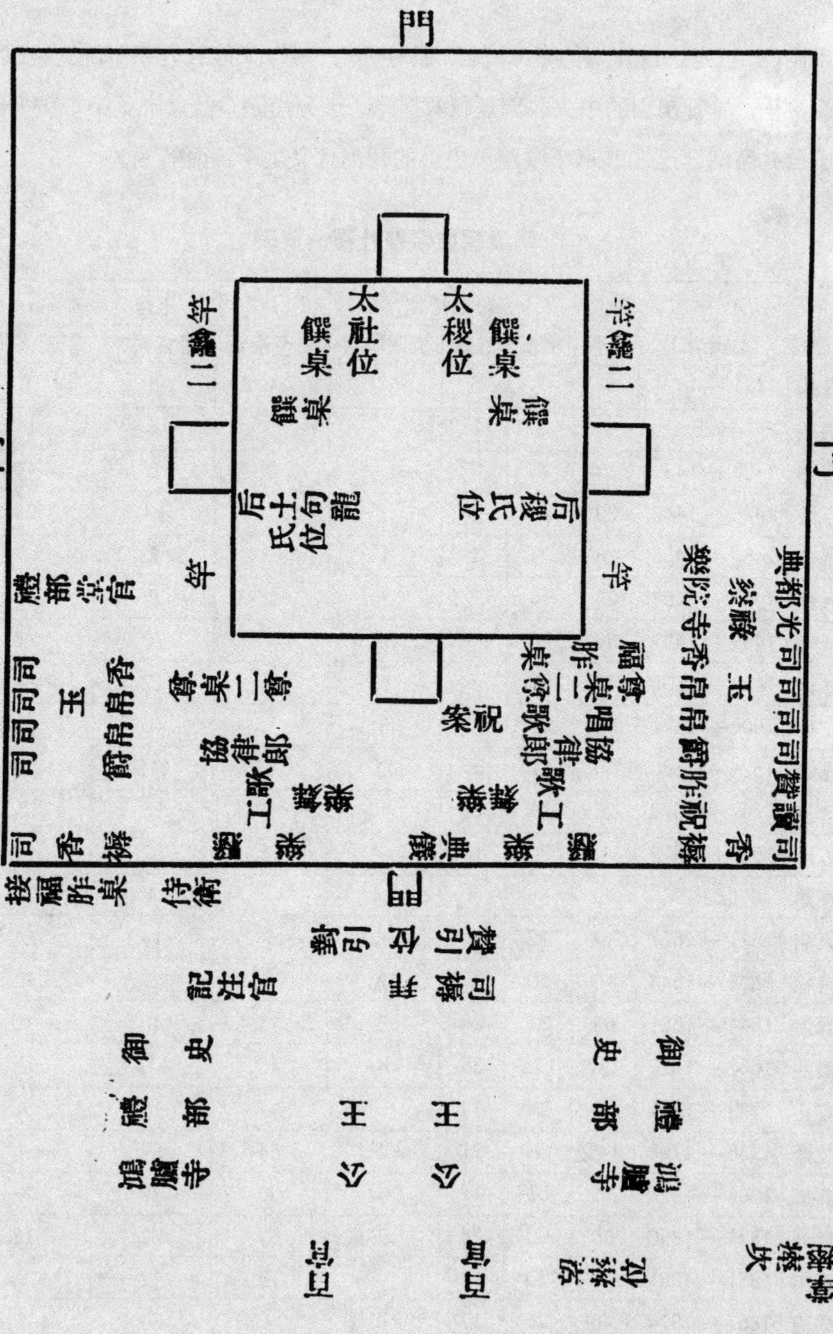

社稷坛祭仪图（摘自《大清会典》）

北京市民，一旦走进这宽阔的皇家庭园，眼界突然一宽，又能放开手脚跑跑跳跳，该有多么快乐。尽管初创的中央公园还仅具雏形，十分简陋，但它毕竟第一次为市民提供了公共空间，这在北京市政建设史上的开创意义是不言而喻的。

明清朝皇帝祭社稷一览表

朝代	帝号	执政年代（公元年）	祭祀次数	祭祀种类			主祭人		
				常祀	告祭	祈谢雨雪	皇帝亲诣	遣官祭祀	祭祀人不明
明朝	永乐	1421—1424	13	7	6		1	6	6
	洪熙	1425	5	2	3			4	1
	宣德	1426—1435	23	20	3		8	5	10
	正统	1436—1449	39	28	11			14	25
	景泰	1450—1456	16	14	1	1	13	2	1
	天顺	1457—1464	26	16	8	2	1	9	16
	成化	1465—1487	66	46	11	9		20	46
	弘治	1488—1505	48	36	7	5		12	36
	正德	1506—1521	53	30	17	6		40	13
	嘉靖	1524—1566	149	82	56	11	6	115	28
	隆庆	1567—1572	26	11	15		5	15	6
	万历	1573—1619	113	80	19		16	87	10
	泰昌	1620	5		5	14		4	1
	天启	1621—1627	17	12	3		1	14	2
	崇祯	1628—1643	18	20	3	2	9	8	1
清朝	顺治	1644—1661	63	31	28	5	13	40	10
	康熙	1662—1722	157	122	35	4	40	114	3
	雍正	1723—1735	40	26	14		17	19	4
	乾隆	1736—1795	145	120	21	4	54	87	4
	嘉庆	1796—1820	71	50	17	4	35	32	4
	道光	1821—1850	86	60	24	2	52	22	12
	咸丰	1851—1861	36	20	16		15	12	9
	同治	1862—1874	46	25	17	4	4	33	9
	光绪	1875—1908	100	66	28	6	38	46	16
	宣统	1909—1911	11	6	5			7	4

◉ 记录：《社稷坛公园预备之过去与未来》

这社稷坛，在前清的时候，本是禁地，非春秋二祭不开门，非派上祭祀差使的人也不得进入。坛在午门的右边，有两座坛墙，内坛墙周围五十三丈二尺，坛在其内，坛形是方的，四尺高，四面都有四层白石头台阶。坛上头按五方，铺着五色土，四面见坛壝(壝就是围坛的矮墙）也分五色。坛的北边，是五间拜殿、五间戟门。坛的西南上，有五间神库，五间神库，都是坐西朝东的。内坛墙四面开四个门，内坛墙以外，外坛墙以内，地方极大，桧柏成林，都是几百年的古木。这么好的地方、这么好的景致，真是北京城里第一幽雅地方，而且坐落的地方又适中，真可称是天造地设的一座公园用地。

这社稷坛本有两个门，东北角上是社稷左门，东南角上是社稷街门。近两年以来，重门紧闭，一片荒芜，废置得实在可惜。现在就外坛墙南面，开辟了一个新门，进了门偏着西边向北下去，在树林之中修了一条大路。绕过内坛墙北门，再向南折回去。这条路有一丈多宽，路旁安了几处木篱，又安了无数的电灯。西面土山子上，建筑了一座圆式单亭，往北又建筑了一座日本式小亭，再往北又盖了一座长方草亭，四围种了许多花草，在亭子上并且可以看御河流水。西面还有三间打牲亭，建筑极好，现在也把它油饰一新。以上的点缀，不过忽促告成，十月间趁着国庆日，暂行开放了三天，任人展览。想不到饥者易为食，渴者易为饮，每天游览的人，居然过了千啦！这可见市民对于公园，非常注意，所以现在一面工作，一面于每星期六星期日售票给人游观。

以上都是社稷坛开放经过的情形，至于今日以后，一切布置，头绪甚多。大概所设备的，离不了古人所称六艺，今世所重三育（德育、智育、体育）各种有关系的娱乐品，总要使它成个完完全全的中央公园，才算不白费这回心。

还有一句最要紧的话，要对大家说的。这预备公园的地方，虽然没花着钱，但是一切设备，用款也不在少处。既不能向政府要钱，又不肯向民间要钱，想来想去想了一个捐募的法子，先由内务部总长次长认捐起，然后募到别的机关，内而各部院，外而将军巡按使，有多有少，集腋成裘，现在已经集到两万余元之谱。不但捐钱，而且有捐物品的（坛内路旁所放椅子，也是内务总长捐的）大家需要知道这预备公园，本是京都市的事情，公园设备好了，还是京都市民享幸福。至于捐款的人，不过是一番改良社会的热心，并没什么特别的利益，在外省的固然不必提，就是在京里的，他还能天天去逛吗？人家既然热心公益，往外出钱，都市住民，白白得这一所公园，想大家没有不欢迎的罢！

（摘自：1914年11月《市政通告》2期）

中央公园售票办法

种类	颜色	价格	使用人次	说明
普通游览证	黄	小洋一角	一人一次	逐日售票，随时可用。一次购三十张收费二元
定期游览证	绿	大洋六元	一人用四个月	有效期从购买之日起计算
定期游览证	青	大洋十二元	一人用一年	同上
家族用游览证	杏	大洋二十四元	每次十人为限，用一年	专为家庭同游使用

四、公园董事会

公园创立之初，全靠朱启钤一人独自指挥管理，有时调用几名内务部人员协办。直到1915年3月，朱氏主持成立中央公园董事会，负责公园诸项事务。董事章程规定："凡公园发起人及捐款在五十元以上者均为本董事会董事，各董事均有经营维持之责任。"以及"本董事会设会长一人，主持本会一切事务，负完全责任。"当时，共选定常任董事43人，推举朱启钤为首任会长，拟定了《中央公园开放章程》，计12条。后来，朱氏连续担任此会长职务达35年之久。

公园经营各项支出，依靠各董事交纳的会费、捐助和门票收入维持。1915年制订的《中央公园董事会章程》规定："本董事会董事不论常任与否，每年均应一次交纳会费二十四元，但因维持公园事业起见，愿交特别捐者听便。"董事为公园出力纯属义务行为，不取任何薪水及补贴。

◉ 纪录：《中央公园开放章程》

第一条：本部特将天安门以西旧社稷坛一带地方开放，定名曰中央公园，以为京都人士游息之所。由京都市政公所委托京师市民及旅居绅商，组织董事会经营管理。以共谋公众卫生，提倡高尚娱乐，维持善良风俗为宗旨。

中央公园董事大会合影（民国年间摄影）

中央公园董事会办公地（民国年间摄影）

第二条：前条开放地方准由中央公园董事会经营管理，但社稷坛内垣之坛壝殿宇等建筑物仍归官厅保管，该董事会不得变更之。

第三条：中央公园董事会组织成立，应将董事会章程及常任人员姓名禀报京都市政公所核准备案。

第四条：中央公园经费由该董事会担任筹集，但有须官厅协助时，由该董事会请求维持或辅助之。

第五条：开放地段内一切旧有建筑及动植各物，中央公园董事会应负保存之责。前项建筑物遇有必须修改时，应由该董事会详叙理由，禀报京都市政公所核准。

第六条：中央公园内关于道路建筑营业事件，应由该董事会随时禀报京都市政公所核准。

第七条：中央公园内应设立公园警察派出所，以维持公园之秩序，随时与董事会接洽办理。

第八条：中央公园内关于卫生清洁风纪等事，该董事会应依第一条规定宗旨办理。如京师警察厅认为不适当时，应商同京都市政公所随时取缔。

第九条：中央公园内遇有公共团体借地开会结社时，除由该董事会公议认可外，并应按照现行法令随时禀报京师警察厅。

第十条：中央公园管理规约及游览规则，应由该董事会拟定，分别禀报京都市政公所及京师警察厅核准。

第十一条：中央公园内如游人有违背法令及公园规约情事，由该董事会知照公园警察，随时取缔或交该管警察署办理。

第十二条：本章程如有应行修改时，由京都市政公所提出意见，由内务部核定修正之。

（摘自1915年5月10日《市政通告》18期）

五、文明高尚的大众园林

中央公园开园之初，仅有五色土坛和拜殿，实在不足一观，因此除每周六、日和特令开放外，平日并不开放。朱启钤和他的同事们利用有限的经费，继续致力于建设。董事会确立了“依坛造景”的建园方针，即在保持社稷坛原有建筑布局和建筑风格的前提下修建公园，保留了五色土坛、殿堂、墙垣等古建筑。对园中的数百株千年古柏，他们尤为爱护，逐一登记造册，妥善管理。据1936年统计，古柏中仅围径一丈至一丈九尺者，就有67棵之多。这些古柏存留至今，盘根错节、苍翠蓊郁，成为历史的纪念，亦是公园中的著名景观。

公园中还广植花木，尤以牡丹、芍药、丁香、海棠、太平花为最盛。几年下来，中央公园的花事超过了古都著名的法源寺丁香、崇效寺牡丹、三官庙海棠、大觉寺桃花等，成为春明花事之冠。繁花盛开之时，市民倾城出动，竞相赏玩，甚至每天还有一列“观花列车”从天津开来北京。叶恭绰先生曾有《稷园观牡丹诗》云：“移花接木补天工，拣得深红间浅红。游赏好凭莺燕闹，不须愁梦绕珍丛。”“万人如海竞相欢，胜似君王带笑看。花若有情应解语，栽花容易养花难。”

中央公园里的游人（民国年间摄影）

◉ 记录：《中山公园的花》

中山公园的花，一年四季都有，但最伟大的要算这几天（四五月）的芍药和牡丹，与九月的菊花，真是集中西的异种，可谓洋洋大观也哉！不特种类众多、颜色复杂，并且占几亩地的面积，一眼望去，好像花海一般。北平以牡丹著名的，是城外古老的“崇效寺”，是数百年来名流诗人藉赏牡丹的吟憩之所，而它除了“年长”以外（寺内的牡丹，其根茎有茶碗口大，据说是明朝的），我以为远不如中山公园的多而好看。尤其是夏季的晚上，距花一二尺高，用铁丝挂着一排一排的红绿纱罩电灯，在光照之下，愈显得花的娇艳，品茗之余，闲步一周，真是飘飘欲仙，再舒适没有的了。

（摘自谢小尧《中山公园的茶座》，1936年）

《中山公园的菊》

若说中秋是桂花飘香的季节，那么行将到来的重阳，该是菊花斗艳的时候了！

在北平提起菊花来，以中山公园最有盛名的。颜色多、品种多、盆数多，计有四千余盆，共八十多种。内有数十种是民国三十年大同中学奉赠的。最值得珍惜的，园中仅有数棵绿菊，已于前年死去了。若纯站在审美的观点上来论绿菊，倒无足可惜，除了颜色呈绿白菜色令人少见外，确无有什么好看。然而物以罕而见珍，便显

中央公园里的芍药花（民国年间摄影）

得名贵了。这里的菊花还有一个特点，就是每棵都不相同，君不妨请先看看下面几种的名字，已足令人神往了。

白色：香莲梦、向日荷花、桃月、白云盘、晓月、银线蟠桃、玉玲珑、青心白……

黄色：庄丽殿、金鳌、秋月之光、御衣黄、阳星之光、金星之光、黄累罗、金佛花、国色无双、蝴蝶舞（金黄色）……

粉色：桃花初绽、朝艳、杨妃醉卧、西施采莲、醉月飞觞、懒梳妆、粉毛菊……

紫色：素富贵、黑牡丹、霓裳舞……

黑色：墨池莲……

倘若我不告诉你这是一张菊花品名单，你能知道它们吗？即使公园中两鬓苍苍、须发皆白，看管菊花已经三十多年的李把式，也是不会清楚地说出。

“清明时节雨纷纷，路上行人欲断魂”，正好是菊花分根或下种的时候。只要将根上所生的幼芽或种子，另种一盆，注意些适当水分的灌溉，是很容易欣欣向荣的。今年园方是不预备举行菊展的。不过，还照例的将于旧历九月中旬公开售卖，售卖标价以盆为单位，有八套盆、四套盆、两套盆、小盆四种。按盆定价，是不再论品色来轩轻的。因为利用盆的分别，已早将品种分好了，巧卖是哄不过拙卖的。故都人士有陶公癖者，请储币以待吧。

（摘自 1946 年 10 月 1 日《新民报》）

中央公园建设进程表

时间	建设项目	说明
1914年	公园南门	
	鹿苑	从热河行宫运来44匹鹿，建棚放养在外坛西面。
	西坛门外堆山建亭	
	搴芝石	从圆明园运来，立在宰牲亭前。
1915年	唐花坞	用1万元建成，是当时罕见的新式赏花温室。屋内筑有地炕，冬季生火，可以陈列四季鲜花，屋中间挖喷水池，池内置涵水石 。
	习礼亭、投壶亭、碧纱舫	飞礼亭，清代设在鸿胪寺内，后来移到礼部。是各地文武官吏用来熟悉、演飞朝拜皇帝礼节仪式的地方。1915年移至坛墙以南。
	春明楼、绘影楼、长美轩等处	供游人吃茶点和照相。
	格言亭	由总统府咨议雍剑秋捐资修建。8根方柱各镌刻先人格言一则，又称药言亭或药石亭。
	来今雨轩	为新式茶座，由徐世昌题匾，轩后建太湖石景。
	大木桥	建于园北部筒子河上，通西华门古物陈列所。桥北建木栅栏，为公园北门。
	行健会	北京第一所练习中国武术的公共会所，当年人会者百余人。
1916年	挖河堆山，建成水榭	
	卫生陈所列	由原神库、神厨改成，设置标本模型、解剖图等供游人参观。
	图书阅览所	利用坛内后殿（原为戟门）整理而成，系首都图书馆前身之一部。
1917年	兰亭碑亭	将不圆明园“坐石临流”亭的兰亭碑石移至公园。
1919年	“公理战胜”坊	原东单北大街“克林德牌坊”。
	四宜轩	由关帝庙改建，供游人临时集会用。
1929年	中国营造学社	由朱启钤先生一手创办，是中国近代建筑史上最具规模的研究机构。1931年，梁思成先生出任中国营造学社法式部主任。
1929～1930年	儿童体育场、溜冰场、高尔夫球场等	

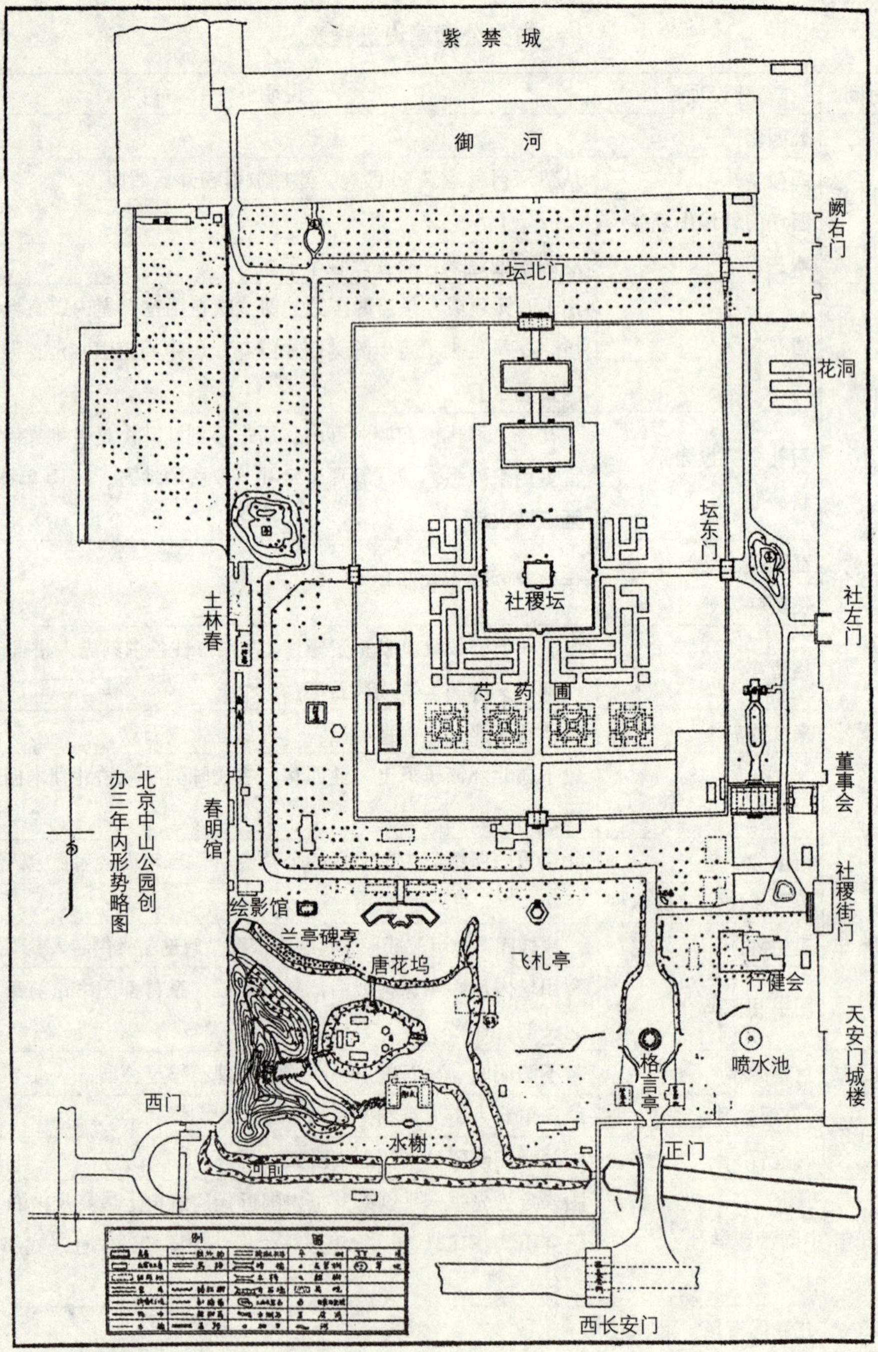

中央公园平面图（1917年）

1914年以后的数年间，在“清严偕乐，不谬风雅”的主旨下，新景点陆续添建，公园规模已具，颇为可观。从荒芜的社稷坛到文明高尚、水木明瑟的大众园林，朱氏花费了许多心血，终于把梦想变为现实。

◉ **记录：《扩充公园》**

市政公所现为扩充中央公园起见，拟将内西华门南池子、东河沿、中街、头条、二条、三条、四条各胡同、南花园、真武庙等处，共房六十六所，计五百六十五间半，全部收用。昨日内务部布告周知。

（摘自1915年7月4日《群强报》第4版）

《游京都中央公园记》

月之五日为江皖义赈会开幕之期，假北京天安门内中央公园，诚盛举也。余从兄文石谓余曰：子好游乎？吾与子游。余曰：诺。于是并辔而出。是日也，天朗气清，惠风和畅，香车宝马，杂沓纷纭，攘攘熙熙，往来如织，极一时之盛会，抗千载而欢娱。未几而余偕从兄已至公园矣。

园中古木参天，绿茵铺地，蚕丛鸟道，楼阁参差。余身列其间，如入蓬岛而游方壶，令我有琅福地之乐也，而为之低徊流连不能置。余偕从兄买券入会场，其时来宾如前内阁总理熊希龄、前司法总长梁启超、今内务总长朱启钤、教育总长汤化龙等，女宾如德菱女士、潘连璧女士、沈佩贞女顾问、朱松筠女公子等均已先期到会。秩序井然，有条不紊，喁喁如也。会中演说者，以汤济武（注：汤化龙）梁任

中央公园内的儿童体育场（民国年间摄影）

中央公园的绘影楼（民国年间摄影）

中央公园内的大木桥（民国年间摄影）

中央公园的唐花坞（民国年间摄影）

初夏的中央公园（民国年间摄影）

公（注：梁启超）两先生为最。到会者约万五千人，主人则沈雨人先生也。其演说亦颇能激刺精神，提倡社会，婆心苦口，造福灾黎，江皖人民，同深庆幸。尤奇者，朱潘两女士手持雪茄烟盘，往来人丛中求售以助赈，亦可谓苦心孤诣矣。

会场后庭设筹赈彩票赠品陈列所，商彝周鼎，琼贝鲛珠，满目瑶琨，五光十色，如入山阴道上，令人目不暇给。其时以两元购彩票者，不知凡几。余偕从兄亦与焉。而有得汽车者，有得橡皮马车者，有得宝瓮者，有得古画者，有得端砚者，均皆兴高采烈，鼓舞轩渠。余及从兄均不觉有宝山空返之叹焉。即此彩票一款，亦不下数万金，未始非集腋成裘之道也。他如杂剧纷陈，不胜枚举。而左宜右有，拳法精强，则少林技也；首击尾应，触□如志，则双石会也；鱼龙变幻，层出不穷，则韩敬文之中外奇术也；高唱入云，声音嘹亮，则刘宝全之大书词也；谓非游戏之大观，会场之雅助欤！

相传公园为社稷坛旧址，至今坛墙犹存，昔则封禅之场，今乃宴会之所。抚今思昔，殊令我感切沧桑矣！嗟嗟！盛会靡常，良游难再，为苍生而请命，幸朱毂之翩来。裙屐名流偕作低眉菩萨，邻邦窥伺翻为怒目金刚。恐大陆之将沉，痛神州之莫救。波兰可为殷鉴，印度俨等梁亡。后之观今，亦犹今之观昔也。

（摘自半仙魏羽《余兴》，1916年4月15期）

《稷园之石多自圆明园移来》

三春向尽，稷园百花齐放，至于春夏，天气清和，游人如织，赏花品茗，裙屐偕临。顾稷园之佳，百花鲜艳，固其一端，而古致磊落，错杂其间者，则有各种奇石，或座列，或堆山，不惟足供欣赏，且均有其历史，最著者为：

一、青云片石：现列于来今雨轩西，石高九尺，长六尺，围二丈一尺，原为清圆明园时赏斋前物，上镌高宗（注：指乾隆皇帝）题字及御制诗，与颐和园乐寿堂前之青芝岫并提。诗云："伯氏吹埙仲氏篪，彼以雄称此独透。"又云："勒题三字青云片，兼作长歌识所由。"其为纯庙矜赏如此。

二、青莲朵石：在西坛门外土山前，沿马路侧，上有高宗御题青莲朵三字。石为南宋德寿宫中物，高宗南巡至杭州，见而爱之。巡抚希旨，辇至京师，置诸圆明园（见《养吉斋丛录》），此自园移来者。

三、搴芝石：现列打牲亭前。

四、绘月石：在四宜轩前，上均有高宗御题字。

五、来今雨轩后石山：此石山为粤中刘姓老人所堆造。刘老人于民国四年来游京师，年已八十，为人能诗善画，尤长堆垛术。赏稷园景物佳胜，请于朱董事长，愿堆此山石以为纪念。今观所作极玲珑剔透之观，堪称殊胜。旧都堆石名家，咸自谓不及云。

六、松柏交翠亭山石：东坛门外松柏交翠亭，所堆山石，为民国四年倩日本专家所堆造。以数丈之地，能坡陀环绕，曲径通幽，实为东洋独特作风。看似平庸实奇崛，成如容易却艰辛，堪以移评此作。

要之，稷园之石，大多自圆明园废址运来。其公牌坊正北，及后河马路之中，及其他一切堆石，精巧有致。奇石辇自南中，堆垛凭之人力，于群花围绕中，得此奇石点缀，游人正未可忽视之。

（摘自1943年5月18日《实报》）

《稷园四异物》

北京中央公园，为清社稷坛所改建，故又称稷园。园内花石林木，蓊郁优美，冠绝一时。而尤有异物四种，为世所罕见者，分志如右：

一、涵水石：稷园唐花坞中，有喷水池一，石矗立其中，假名为涵水石。此石于稷园初开时，由常朗斋董事，自易州深山中拾得携回。初时仅重数磅，经诸董事设计，凿喷水池，立石其中。现经二十余年，苔原寸许，全身涵水量甚富，计已重百余斤矣。据某公云，此为深山中之石钟乳，脱落涧内，曝烈日中，积久，水分全消失，成玲珑剔透形状。今再涵水分，成变相之石钟乳矣。

二、妖鸟标本：此标本为警厅所制赠，现陈列董事会北厅。前《国闻周报》记者徐一士君，曾撰文纪此妖鸟之来历。云光绪甲午年（注：1894年）陶然亭侧，发现巨声若雷鸣，当时举国若狂，官家搜捕不得，纷扰数月始息。当时张豫荃、赵尧生，均有长歌纪其事。后于民国五年（注：1916年），忽又出现，怪声如前。经警察搜捕，一方刈取芦苇，一方斛水令干，果于丛苇中发现此物，怒嗥欲飞去，经枪击坠落，爰制成标本，送本园陈列。以此小巧之物，两度轰动朝野，先后达二十余年，殊可怪也。

三、内坛门二石狮：狮为王懋轩将军捐赠。民国七年，王任大名镇守时，于某古刹遗址内掘出，重八千八百余斤。于是年十一月，由大名用牛车起运，至邯郸，改乘火车运京。送园后，议决建于南坛外。二狮为立像，姿势雄骏，为京市鲜见之品。且其音响，敲之，一作铜声，一作铁声，尤为稀有，赏鉴家或谓为汉唐遗物云。

四、草亭上树根刻画：此物为朱董事长于无意中，在某处搜得，置诸西坛门外土山草亭上。物为巨树根一，刻者就其根之曲折高下，刻成龙、蛇、熊、象、狮、豹、牛、马，及各种禽鱼无数，殊形异态。骤视为粗树根一，细审之，乃一绝妙动物园。镌刻精妙，非凡所及，洵绝品也。

兹当春阳布令，稷园游人渐多，好事者盍往观之。

（摘自1942年4月16日《实报》）

六、开园第一人

创建中央公园，是朱启钤一生中的重要事业之一。他坚韧的创业精神贯穿于事业始终，亦可用他为办公室亲题的匾额“一息斋”来概括，其义取自宋朝理学家朱熹的箴言“一息尚存，其志不容稍懈”。1939年，中央公园纪念建园25周年时，67岁的朱老写下了《一息斋记》，回忆创业艰难，表述了对公园的珍爱之情：

余从政数十年，因缘时会，创者、因者，虽不一端，而跋前后（注：比喻进退两难），隳弃垂尽，都未尝一顾，独于斯园之建置，流连不已者，顾此廿五年中，曾经许多波折，咸赖群策群力以赴之，方获有济。一息之存，斯志不怠，又岂仅取以自勖（勉励）哉？

在兴建公园的过程中，正逢朱启钤主持改建正阳门工程，拆除了大清门内的千步廊朝房，并决定把拆下来的废木料用作修建公园的长廊。当时社会上谣言四起，有人说他破坏古制，侵吞公产，有人说他大兴土木，沉迷娱乐，甚至还有人指责他破坏了京城风水，一时间满城风雨。朱氏顶着巨大的舆论压力，却处置大度，迎难而上。待到第二年新景点竣工，流言自然湮灭。

朱启钤对于北京公园事业发展的远见卓识和突出贡献，在历史上写下了意义重大的一笔。如中山公园委员会一位后任主席所言：“彼时，都人耳目于公园尚少见闻，而朱公独注意及之。……以社稷坛旧址披荆棘，辟草莱，经之营之，蔚然为京市首出

朱启钤在中央公园新建的长廊（1935年摄影）

之游息地。促进文化，嘉惠市民，若朱公者，真社会之福星，当为吾人所公认者也。”

◉ 记录：朱启钤《中央公园记》

民国肇兴，与天下更始。中央政府既于西苑辟新华门，为敷政布令之地。两阙三殿，观光阗溢。而皇城宅中，宫墙障塞。乃开通南北长街、南北池子，为两长衢。禁御既除，熙攘弥便。遂不得不亟营公园，为都人士女游嬉之所。社稷坛位于端门右侧，地望清华，景物钜（注：同“巨”，下同）丽。乃于民国三年十月十日，开放为公园。以经营之事委诸董事会，园规取则于清严偕乐，不谬于风雅。因地当九衢之中，名曰中央公园。设园门于天安门之右，绮交脉注，绾毂四达。架长桥于西北隅，俯瞰太液，直趋西华门。俾游三殿及古物陈列所者，跬步可达。西拓缭垣，收织女桥御河于园内；南流东注，迤逦以出皇城。撤西南复垣，引渠为池，累土为山，花坞、水榭映带左右，有水木明瑟之胜。更划端门外西庑朝房八楹，略事修葺，增建厅事，榜曰公园董事会，为董事治事之所。设行健会于外坛东门内，驰道之南，为公共讲习体育之地。移建礼部习礼亭，与内坛南门相值。其东建来今雨轩及投壶亭，西建绘影楼、春明馆、上林春一带廊舍。复建东、西长廊，以蔽暑雨。迁圆明园所遗兰亭刻石及青云片、青莲朵、搴芝、绘月诸湖石，分置于林间水次，以供玩赏。其

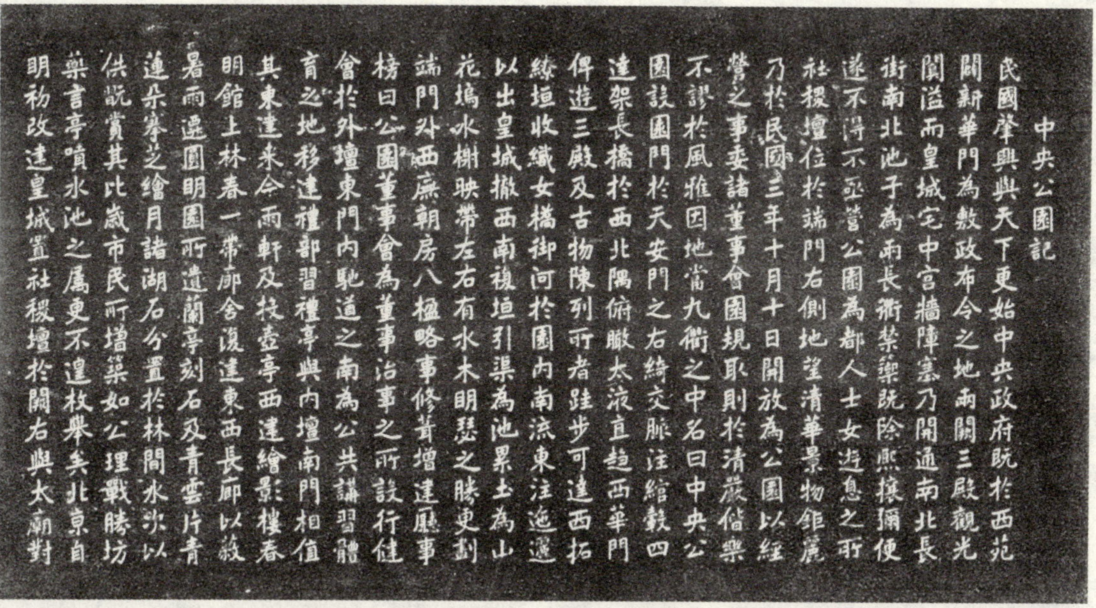

中央公園記

民國肇興與天下更始中央政府既於西苑
闢新華門為敷政布令之地兩闕三殿觀光
闐溢而皇城宅中宮牆障塞乃開通南北長
街南北池子為兩長衢禁籞既除熙攘彌便
遂不得不亟營公園為都人士女遊息之所
社稷壇位於端門右側地望清華景物鉅麗
乃於民國三年十月十日開放為公園以經
營之事委諸董事會園規取則於清嚴偕樂
不謬於風雅因地當九衢之中名曰中央公
園設園門於天安門之右綺交脈注綰轂四
達架長橋於西北隅俯瞰太液直趨西華門
俾遊三殿及古物陳列所者跬步可達西拓
繚垣收織女橋御河於園內南流東注迤邐
以出皇城撤西南複垣引渠為池累土為山
花塢水榭映帶左右有水木明瑟之勝更劃
端門外西廡朝房八楹略事修葺增建廳事
榜曰公園董事會為董事治事之所設行健
會於外壇東門內馳道之南為公共講習體
育之地移建禮部習禮亭與內壇南門相值
其東建來今雨軒及投壺亭西建繪影樓春
明館上林春一帶廊舍復建東西長廊以蔽
暑雨還圓明園所遺蘭亭刻石及青雲片青
蓮朵搴芝繪月諸湖石分置於林間水次以
供觀賞其比歲市民所增築如公理戰勝坊
藥言亭噴水池之屬更不遑枚舉矣北京自
明初改建皇城置社稷壇於闕右與太廟對

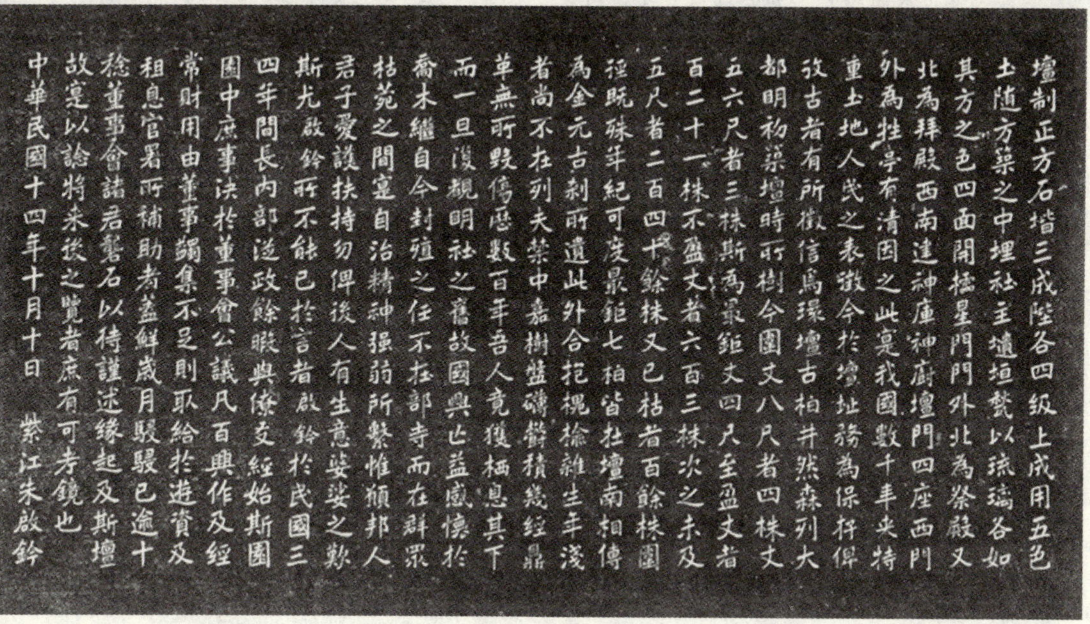

壇制正方石堦三成陛各四級上成用五色
土隨方築之中埋社主壝垣甃以琉璃各如
其方之色四面開櫺星門門外北為祭殿又
北為拜殿西南建神庫神廚壇門四座西門
外為牲亭有清因之此寔我國數千年來特
重土地人民之表徵今於壇址務為保存俾
攷古者有所徵信焉環壇古柏井然森列大
都明初築壇時所樹今圍丈八尺者四株丈
五六尺者三株斯為最鉅丈四尺至盈丈者
百二十一株不盈丈者六百三株次之未及
五尺者二百四十餘株又已枯者百餘株圍
徑既殊年紀可度最鉅七柏皆在壇南相傳
為金元古剎所遺此外合抱槐榆雜生年淺
者尚不在列夫禁中嘉樹盤礴鬱積幾經鼎
革無所毀傷歷數百年吾人竟獲栖息其下
而一旦復覩明社之舊故國興亡益感懷於
喬木繼自今封殖之任不在部寺而在群眾
枯菀之間寔自治精神強弱所繫惟願邦人
君子愛護扶持勿俾後人有生意婆娑之歎
斯尤啟鈐所不能已於言者啟鈐於民國三
四年間長內部遂政餘暇與僚友經始斯園
園中庶事決於董事會公議凡百興作及經
常財用由董事醵集不足則取給於遊資及
租息官署所補助者蓋鮮歲月駸駸已逾十
稔董事會諸君礱石以待謹述緣起及斯壇
故寔以諗將來後之覽者庶有可考鏡也
中華民國十四年十月十日　紫江朱啟鈐

《中央公园记》

《中央公园记》为朱启钤所撰。1928年脱稿。由董事孟玉双手书，镌于南门内过厅东壁二块嵌石上。

朱启钤（右一）与董事合影（民国年间摄影）

比岁市民所增筑，如公理战胜坊、药言亭、喷水池之属，更不遑枚举矣。北京自明初改建皇城，置社稷坛于阙右，与太庙对。坛制正方，石阶三成，陛各四级。上成用五色土随方筑之，中埋社主。壝垣甃（注：用砖砌）以琉璃，各如其方之色。四面开棂星门，门外北为祭殿。又北为拜殿。西南建神库、神厨。坛门四座。西门外为牲亭，有清因之。此实我国数千年来特重土地、人民之表征。今于坛址务为保存，俾考古者有所征信焉。环坛古柏，井然森列，大都明初筑坛时所树。今围丈八尺者四株，丈五六尺者三株，斯为最钜。丈四尺至盈丈者百二十一株，不盈丈者六百三株。次之未及五尺者，二百四十余株。又已枯者百余株。围径既殊，年纪可度。最钜七柏皆在坛南，相传为金元古刹所遗。此外合抱槐榆、杂生年浅者尚不在列。夫禁中嘉树，磐礴郁积。几经鼎革，无所毁伤。历数百年吾人竟获栖息其下。而一旦复睹明社之旧故国兴亡，益感怀于乔木。继自今后人有生意婆娑之叹，斯尤启钤所不能已于言者。启钤于民国三四年间，长内部，从政余暇与僚友经始斯园。园中庶事决于董事会公议。凡百兴作及经常财用，由董事蠲集。不足则取给于游资及租息。官署所补助者盖鲜。岁月骎骎已逾十稔，董事会诸君砻石以待。谨述缘起及斯坛故实，以谂（注：同“审”）将来。后之览者，庶有可考镜也。

中华民国十四年十月十日紫江朱启钤

《中央公园一息斋记》

甲寅、乙卯之间（注：1914～1915年间）经始斯园，余榜此室为一息斋。取吾宗文公“一息尚存，其志不容少懈”之义，以自励也。屋三楹，在坛壝南门外巽位，本为宿卫之所。光绪三十二年丙午（注：1906年），余官巡警部内城厅丞时，夏至大雩，恭逢德宗圣驾亲行，夤夜率所属入坛警跸，曾待漏于此。鼎革以后，太常不修，鞠为茂草。余长内部，遂辟金水桥为稷园正门。前当交午之地，榛莽乍启，游人咸乐其便，一息斋之南轩，又当右路最钜古柏三株，虬枝蟠屈，荫蔽数亩，常于树根编藤作榻，以待宾从。来期会者，有所经画，皆在树下谘谋之。且穿室后墉，作茶灶具。饔飧退食之顷，则就此止息。其右三楹，则置市政工程处。土木兴作，殆萃于斯。时方改建正阳门，撤除千步廊，取废材输供斯园构造，故用工称事，乃时论不察，訾（注：诋毁）余为坏古制、侵官物者，有之；好土木、恣娱乐者，有之；谤书四出，继以弹章。甚至为风水之说，耸动道路听闻。百堵待举，而阻议横生。是则在此一息间，又百感以俱来矣。越年，来今雨轩建成，裙屐毕集，乃复建董事会于其东偏，而斯室遂闲。丙辰（1916年）解政，侨居津门时多。同社人士以爱吾及屋，室中一几、一榻，保留未动。于古树、茵草，设短栏护之。尤殷殷无所改施。故余间岁偶来供此晨夕，亦自得也。岁戊寅冬初，余以衰老，坚请谢事。而斯园建立将届二十五周年，同仁议编纪念册，以记述经过。推委员汤颇公主纂事，即安砚斯室，着手撰辑。间就余询本园建始以来兴革故事，惜昏眊善忘，不能悉举以告。数月，书稿成，撰述颇详切，且归功于始事者。读之，不禁愀然而生感喟：夫孔子论政，首曰无劳，继曰无倦。是先劳为前进之方法，无倦乃后事之精神。余从政数十年，因缘时会，创者、因者，虽不一端，而跋前疐后（注：比喻进退两难），隳弃垂尽，都未尝一顾，独于斯园之建置，流连不已者，顾此廿五年中，曾经许多波折，咸赖群策群力以赴之，方获有济。一息之存，斯志不怠，又岂仅取以自勖（勉励）哉？近年，园中委员会又以斯室为治事之所。名园重振，礼从其朔，意甚盛也。吴君甘侯促余补记壁间，迟迟无以应之。冬夜枯坐，偶书前事，故社兴亡之感，彷徨不忍辍笔。爰断取诗意，以铭斯室。后之君子，盍诵斯语也。噫！

南有乔木，勿剪勿拜。往来行言，以近有德。

民亦劳止，汔可小息。惠此京师，以永终誉。

（摘自中央公园委员会编《中央公园廿五周年纪念刊》，1939年）

《北平中山公园》

与民同乐仰中山，许我来游若等闲。天下为公何独此，兴亡有责匹夫关。

二十年来景物新，清华赏遍御池春。朱明陈迹依稀见，毕竟朱家有解人。

公园，“社稷坛”旧址。地望清华，景物钜丽，于民国三年双十节开放，及今已逾三十年矣。经始斯园者，为朱启钤氏；复考社稷坛，建于“朱明”之初，依稀往迹。入民国后，复由“朱氏”首复其观，前后“双朱”，遥遥相映。

南北长街十丈长，九衢到此是中央。宫墙不把春光放，织女桥边枉断肠。

故都皇城宅中，宫墙障塞。民国肇兴，乃开通南北长街，以利民行。既辟公园，因地当九衢之中，遂立名曰“中央”；于是绾毂长通，行人称便。园西复拓缭垣，收织女桥于园内，而景物益丽。

紫江朱氏记堪珍，应是开园第一人。故国兴亡乔木在，还将社稷认前身。

园门左壁，嵌石两面，精镌“中央公园记”。

（摘自1946年7月27日《纪事报每周增刊》）第6版）

七、景物见证历史

在中山公园里，无论是留存几百年的坛庙，还是建园时新添的景点，几乎每一物都与历史有关，常常使人在游赏时“抒怀旧之蓄念，发思古之幽情”。以下这三处均与近代重大历史事件有关：

1、兰亭八柱碑亭

“兰亭”本是圆明园四十景之一“坐石临流”中的一个景点，是乾隆皇帝于乾隆九年（1744年）根据《兰亭序》描述的境况建造的。兰亭碑石正面刻晋永和九年《兰亭修禊图》及《题记》，阴面刻乾隆御制诗。乾隆还收集了前朝书法家和他本人临摹的八册《兰亭集序》及《兰亭诗》，分别刻在八根石柱上，替代了兰亭的支柱，称为“兰亭八柱”。

清咸丰十年（1860），一代名园圆明园被英法联军烧毁。兰亭八柱于宣统二年（1910）被移到颐和园，自此碑、柱分离，而兰亭碑石则于1917年移至中央公园。

兰亭现状

1941年，经公园申报，伪政府批准，将八柱运抵中山公园。但一直未能建起八柱亭。直到1971年，公园内重建兰亭，终于恢复了碑、柱一体的本来面目。

◉ 记录：《兰亭八柱帖》

兰亭帖为北宋拓本，代有临摹。乾隆年间汇刻八柱，建亭于圆明园中。圆明园毁后，于宣统二年移至颐和园。民国二十四年，管理颐和园事务许保之请于市府，竖立建亭。计第一柱为虞世南摹《兰亭序》；第二柱为褚遂良摹《兰亭序》；第三柱为冯承素摹《兰亭序》；第四柱为柳公权书《兰亭诗》墨迹；第五柱为戏鸿堂刻柳公权书《兰亭诗》；原本第六柱为于敏中补戏鸿堂刻柳公权书《兰亭诗》阙笔；第七柱为董其昌仿柳公权书《兰亭诗》；第八柱为御临董其昌仿柳公权《兰亭诗》。

（摘自《旧都文物略》，1935年）

2、保卫和平坊

中山公园南门内的石坊，最早称“克林德牌坊”。1900年6月14日，德国驻华公使克林德，下令枪杀义和团团民约20人。20日，克林德乘轿赴总理各国事务衙门，途经东单牌楼时，又开枪寻衅，被清军虎神营士兵恩海击毙。1901年，根据《辛丑条约》，清政府派醇亲王载沣赴德国柏林赔礼道歉，并在东单北大街西总布胡同西口的克林德毙命之处建克林德牌坊。

1918年11月11日，第一次世界大战结束，德国沦为战败国。中国因北洋政府曾于1917年参加英、法方面的“协约国”，对德宣战，此时也成了“战胜国”。在举国欢庆胜利时，民众捣毁了克林德坊。后来将克林德纪念碑散件运至中央公园，重新组装竖立，并将原有文字全部除掉，另外镌刻了“公理战胜”四字，以作为第一

恩海击毙克林德（图画）

公理战胜坊（民国年间摄影）

次世界大战胜利的纪念。移建工程由北洋政府内务部主持，京都市政公所组织施工。1920年7月4日落成，由原来的四柱七楼改成了四柱三楼，额题“公理战胜”，由许宝蘅书写。

1952年10月，亚太和平会议在北京召开。为纪念这次会议，表彰中国人民在保卫世界和平中的丰功伟绩，会议决定将“公理战胜”坊改名为“保卫和平”坊，由郭沫若题字。

◉ 记录：《建纪念碑》

克林德坊落成时（清末摄影）

中法联合会公举代表铎尔孟、李石曾二氏，前日晋谒钱干丞总理，请以克林德碑拆下之石架及石块原物，改在中央公园建设一巨大之纪念牌坊，以为协约各国征服德国武力之表彰。碑上列陈参加战事之九协约国国徽，并用中法二国文字表明原委等情。闻钱总理深表赞成，允即转饬警厅，将拆卸之石碑移至中央公园，择地兴工建筑。该会并已定于十二月一举行起工式云。

（摘自1918年11月18日《群强报》第3版）

3、中山纪念堂

1925年3月12日，孙中山先生病逝于北京。19日，灵柩移入中央公园原社稷坛拜殿内；24日开始举行隆重的公祭。据当时治丧处记载，在3月24日至31日治丧期间，共收到花圈7000余个，挽联59000余幅，个人签名吊唁者达74万余人。

◉ 记录：《哀思录·葬事筹备委员会关于孙中山逝世的治丧报告》

宋夫人乘青玻璃马车，随柩而行，最后有宪兵一队专供护卫。因人多行颇迟缓，至十二时许始抵中央公园，当由执政府卫队军乐队、海军部军乐队、海军陆战队及地方军警等站队迎接，一时军乐大作，军队立正致敬。灵榇入园后即至社稷坛大殿灵堂安放，送殡人均站立殿前空院，大呼各种口号，声震天地，并有国民会议促成会代表团、女师大学生分数处演说。至下午一时，照料人等因灵堂尚未布置完毕，宣告送殡人众请暂退出，明日再来祭奠，送殡人众始渐退出，惟陆续前往者仍络绎不绝。二时许，灵堂始布置完毕。灵榇置在社稷殿正中，上悬先生遗像及“有志竟成”横匾，两旁挂“革命尚未成功，同志仍须努力”对联。棺上盖以青天白日旗，灵后黑幔为先生家属所住。二时余，执绋人员及家属等先后向灵榇行礼即相继退出，只有宋夫人、孔庸之、促成会代表团、女师大学生分数处演说。至下午一时，照料人等因灵堂尚未布置完毕，宣告送殡人众请暂退出，明日再来祭奠，送殡人众始渐退出，惟陆续前往者仍络绎不绝。二时许，灵堂始布置完毕。灵榇置在社稷殿正中，上悬先生遗像及“有志竟成”横匾，两旁挂“革命尚未成功，同志仍须努力”对联。棺上盖以青天白日旗，灵后黑幔为先生家属所住。二时余，执绋人员及家属等先后向灵榇行礼即相继退出，只有宋夫人、孔庸之、戴季陶等尚留灵堂未去，公园中男女人众则至下午七时犹未散尽。至园内布置，头门扎素色彩绸牌坊一座，门内甬道两旁扎有十余丈长之席毯，悬挂挽联数千幅。社稷坛中央五色土上竖有青天白日大旗一面，社稷殿门及窗檐满用松柏叶装蔽，并用黄白二色纸花点缀其间，殿之正门上悬一松叶制匾，额题为“国民救国”四大字。西南角踢球场内有护国般若法会为先生设坛唪经，别具一种尊严气象云。

（摘自《孙中山与北京》，人民出版社 1996 年）

《群众哀悼孙中山先生》

孙先生的灵柩，从协和医院移往社稷坛时，东单三条及帅府园的交通完全断绝，王府井也是人山人海，挤得水泄不通。从王府井、东长安街，经天安门，直到中央公园社稷坛灵堂，两旁站立各界送灵的群众，不下十二万人。我则来往于协和医院与中央公园社稷坛之间，指挥警卫。警卫总司令部除派出警卫部队担任警卫外，并在前门以西城墙马道上鸣放礼炮，以致哀悼。在灵柩经过的地方，许多人都争着向前近一近孙先生的灵柩，或者向前摸一摸孙先生的灵柩，大家的心情是极度沉痛悲哀的，不少人都流着眼泪，哀悼这位伟大的革命先行者。正因为群众都争着向前，要看一看孙先生的灵柩，人群过于拥挤，以致警卫部队的官兵，几无法维持秩序，有时警卫部队的士兵将学生和民众挤倒，教职员便上前说：“没有什么，这是咱们自己的队伍”。有时学生和民众将警卫部队的士兵挤倒，警卫部队的官兵便出面说：“咱

群众在中山公园举行集会纪念孙中山逝世一周年（1926年）

们全是自己人，没有关系”。灵柩到达中央公园，停在社稷坛大殿正中，安放稳妥后，全体向孙先生遗像行三鞠躬礼。记得当时汪精卫对于孙先生之死，泪流满面，有时哭泣失声。没想到后来他竟背叛了孙先生的遗志，认贼作父，甘充汉奸，岂是孙先生始料所及！

孙先生的灵柩安放在社稷坛大殿后，经过一番筹备，治丧处便决定了公祭日期。3月23日国民党公祭，24、25两日各界公祭。每天有许多来宾和机关代表等前来致祭，花圈、挽联，何止万千！在整个中央公园里，呈现着一片庄严肃穆的气象。

（摘自鹿钟麟《孙中山先生北上与冯玉祥》，见《孙中山与北京》1996年出版）

1928年，“为使北平有个永久纪念总理的地点”，河北省政府和北平特别市政府决定，将拜殿改建为中山堂，中央公园亦改名为中山公园。

记录：《中央公园改名中山公园，日内实行》

改中央公园为中山公园一节，前者外间已迭有宣传。兹闻此事经特别市党部与公园董事会交涉结果，董事会方面，亦以首都既已定于金陵，北平已失中央资格，自不能长此沿用中央二字，当即承认改名之举。拟于下星期中实行，即由董事会自动雇工改换门首大字，并改换一切对外名称。好在改名中山仅需移动一字，并不费事。从此游人晨夕过往，顾名思义，当于不知不觉中兴起一种景仰中山先生之念。又传闻“公理战胜”之牌坊前有改为“天下为公”之议，且已雇工措手。昨日记者经过此处见“公理战胜”四字依然存在，不知何以中止改换云。

（摘自1928年7月2日《北京益世报》）

1937年北平沦陷后，中山公园奉令复改为“中央公园”。中山堂曾一度改名为“新民堂”，成为汉奸组织“新民会”的活动场所。

1945年8月日本投降后，随着中山公园园名的恢复，新民堂亦恢复了中山堂的名称。

记录：《中山堂落成典礼志盛装潢布置尽善尽美，典礼隆重要人演说》

（本报特讯）中山公园内社稷坛，为有明永乐中叶所建，明清两代皇帝之祈祷所也。地基广袤约数十丈，庄严伟丽，已成历史上之名胜。前后二殿，各十余间，结构颇具匠心，雕梁画栋，彩色眩目，于以想见当年皇帝祭祀时之盛况。鼎革以后，中山公园虽常年开放，社稷坛北之正殿则久被尘封，杳无人迹。十四年（1925），总理逝世北平，停灵于此，游人凭吊，遂成全国观感所系之地。去冬迎榇专员林森、吴铁城、郑洪年等，发起建立中山堂于此，藉垂永久纪念，由北平各界负责筹备，不及百日修葺完竣。昨日上午七时举行落成典礼，兹将开会情形记录如次：

布置情形：

中山堂正门外上端横书“中山堂”蓝底白字匾额。门内堂之中央嵌总理遗像，像旁交叉党国旗，其上为木制“天下为公”横匾，两旁为木制“革命尚未成功，同志仍须努力”对联。相下壁上横嵌总理遗嘱，堂之东西两壁共嵌六个木制大屏，一边三个，上书“建国大纲”全文，皆蓝底白字。堂上栋梁及外边房檐，尽有各种花纹，

中山堂（拜殿，1929年）

拜殿位于社稷坛正北，又名享殿或祭殿，始建于明永乐十九年（1421），是明清两代皇帝祭祀或遇风雨休息的地方。无风雨时，为设置御幄之所。面阔5间，进深3间，是社稷坛中轴线上最大最宏伟的建筑。据《北京古建筑》载："史料中未发现被毁或重建的记录，可能是北京现存明代建筑中最古老的一座。"社稷坛辟为中央公园后，拜殿主要为政府及社会各界借用集会或作展览之用。

勾心斗角，尽善尽美。此外柱础台阶，门扉窗牖，亦皆伟大恢阔，令人欲叹观止。全堂可容千五百人，有柱灯三十四个，主席台设于总理相前，台上遍置红绣球文竹等花草，芬芳之气，袭人欲醉。

典礼隆重：

河北省政府主席商震，迎榇专员林森、吴铁城、孙科代表梁寒操、河北省工商厅厅长吕威、市政府市党部省党部各机关团体学校代表共五百人，于八时前皆已到齐。商震主席，吴承湜司仪，八时二十分开会奏乐，读总理遗嘱，行开幕礼。

主席致词：

略谓诸位同胞同志，今天为北平中山堂落成举行开幕典礼之日。总理逝世以后，遗体曾停于此，故各界修中山堂以纪念之。此堂起因，由去冬林子超、吴铁城、郑洪年诸先生与各界，研究如何纪念总理，后来想到此处，改中山纪念堂颇为适宜。遂由省政府会同市政府与其他各机关共同筹备，由市政府工务局计划修葺工程。现在奉移总理灵榇之日已到，今天碧云寺又是公祭之日，吾人修纪念堂永远纪念总理。以后见了此地，想起总理伟大之人格，及其一生革命之经过，当有如何之感想。余以为用地方单纯的纪念，是没用的，要纪念总理革命事业及为人民为国家不屈不挠之奋斗精神。吾人皆是总理信徒，应努力总理未竟之志，负起革命的责任，以期三民主义普遍于中国、全世界，方不愧纪念总理云云。

筹备经过：

筹备人孙继武报告，略谓今天举行中山堂落成典礼，兄弟为筹备人之一，只将经过情形分为五项报告：（一）缘起：去冬吴、林、郑各位先生发起，今年1月8号由何市长与商主席、张主席及北平各界在本园董事会议决纪念总理三项：（1）在天安门立总理铜像一个，二月已行奠基礼；（2）在铁狮子胡同设总理行馆；（3）在社稷坛修中山堂。此坛为明朝永乐中叶时所建，有历史上之价值。民国十四年又为总理停灵之所，故以此处为北平各界纪念总理唯一处所。当时推筹备委员八人，共理其事。（二）计划：当时设计本想将前后二殿连起来，作"工字厅"两万元即可办到，以前殿为纪念堂，后殿作革命图书馆，由市政府派工务技术人员与筹备委员会商二十四次，卒因捐款不足，未能办成。但将来款裕时，仍要作工字厅。计中山堂由去年冬月三十日开工，至今年五月十五日完成。（三）捐款及用款：认捐数目三万余元，收到一万四千七百元，用途有二项：一为纪念堂，一为行馆。纪念堂费一万零七百元，行馆用七千余元。（四）修理情形：此堂伟大庄严，很可代表中国固有之建筑美术，于庄严之中，又取其朴素之意。将来逢总理诞辰及其他纪念，民众可在此举行。俾北平中山堂，与广东中山县，在历史上俱有同等价值。

（摘自1929年5月24日《华北日报》第7版）

《中山堂借用章程》

1. 本堂供奉总理以庄严肃敬为主，凡设宴、庆吊、游艺、娱乐等集会概不借用。凡遇公园开放之日，因保持本堂之严肃，私人概不得借用。

2. 凡借用本堂者，须先期函达公园委员会转报市政府，候核准后方能借用。凡借用本堂开会者，须遵守地方官厅取缔章程。

3. 本堂维持须要费用，无论公、私机关借用，每次收租费20元，但公开讲演学术者减半。晚间电费、冬令煤火概归借用者负担。预缴其数目另定。

4. 借用本堂除因总理各纪念日举行纪念会外，以招待或讲演学术为限，人数均不得超过本堂座位600之数。公园入门仍应照章购票。

5. 堂内禁止唾涕、吸烟及茶水、食品、手巾等之供给。

6. 凡借用本堂者，对于堂内墙壁装修及各种器物应注意爱护，如有毁损，由借用者赔偿。

7. 堂内外要保持清洁，除原定标贴牌外，所有墙柱门窗概不得标贴钉挂。

8. 本章程自呈奉核准之日施行。

（1928年6月12日）颁布

八、难忘茶座

20世纪二三十年代来中央公园的游客，有不少是专为来坐茶座的。中央公园有各种类型的茶座，无论男女老少，上至总统，下至平民，都能找到适合自己的地方。“世界上最好的地方是北平，北平顶好的地方是公园，公园中最舒适的是茶座”。在“红尘十丈”的北京城，能找到这么一处清静雅致的所在，殊为难得。

曾有人诙谐地介绍：“来今雨轩是国务院”，因为政界要人们公余在此碰头，也常常能见到文化界名人、大学教授在此驻足，其中不乏北大《新青年》杂志同仁们的身影。1926年，鲁迅就是在来今雨轩的茶座上，与友人共同翻译了《小约翰》一书。还有“长美轩是五方元音”，因为这里的客人是三教九流，茶点引人垂涎，物美价廉；“春明馆是老人堂”，老人们在此下围棋、鉴赏古董，一坐就是大半天；“柏斯馨是青年会”，这里是洋派人物、摩登爱侣说情话的地方，不卖茶而卖咖啡、荷兰水、冰淇淋、咖喱饺等。

中央公园的茶烟中，浮动氤氲着古都文化的氛围，许多文化名人的记忆都与它有关。这种情调，在今日已是难以复现。我们仅能透过相关文献的记录，想象当年的风华盛景……

◉ 记录：《中山公园的茶座》

凡是到过北平的人，哪个不深刻地怀念中山公园的茶馆呢？尤其久住北平的，差不多都以公园的茶座作他们业余的休憩之所或公共的乐园。有许多曾经周游过世界的中外朋友对我说：世界上最好的地方，是北平，北平顶好的地方是公园，公园中最舒适的是茶座。我个人觉得这种话一点也不过分，一点也不夸诞。因为那地方有清新而和暖的空气，有精致而典雅的景物，有美丽而古朴的建筑，有极摩登与极旧式的各色人等，然而这些还不过是它客观的条件。至于它主观具备的条件，也可说是它“本位的美”，有非别的地方所能赶得上的，则是它物质上有四时应节的奇花异木，有几千年几百年的大柏树，每个茶座，除了“茶好”之外，并有它特别出名的点心。而精神方面，使人一到这里，因自然景色非常秀丽和平，可以把一切烦闷的思虑洗涤干净，把一切悲哀的事情暂时忘掉，此时此地，在一张木桌，一只藤椅，一壶香茶上面，似乎得到了极大的安慰。

中央公园茶座（民国年间摄影）

……

我在北平的时候，常想做一篇《中山公园茶座人物志》，我想这篇东西，或许可以做将来谈春明掌故者的小小参考。至少有人撰《续春明梦余录》时，是一定会把它收进去的。这三家茶铺，虽然茶座稠密但地方究竟有限，凡是常去的人们，大半彼此都认识，最低面孔是互相熟悉的。这些天天去的，都得有“公园董事”雅号（实在不是董事）。据最近两年的统计，常在柏斯馨坐者，有前国立北平大学校长物理学专家夏元先生。长美轩常去坐的，有已故画家王梦白，和数理大家冯祖荀先生，你看他吃得醉醺醺的样子，手拿毛竹旱烟袋，穿着四季不扣纽的马褂东张西望，踱来溜去，谁也猜不出来他是位科学家。还有曾做过外交使臣的廖石夫，和发明速记学的汪怡，差不多都天天来，也可以说是这里的长买主。尤以廖翁健谈，因为他和孙

中央公园茶座（民国年间摄影）

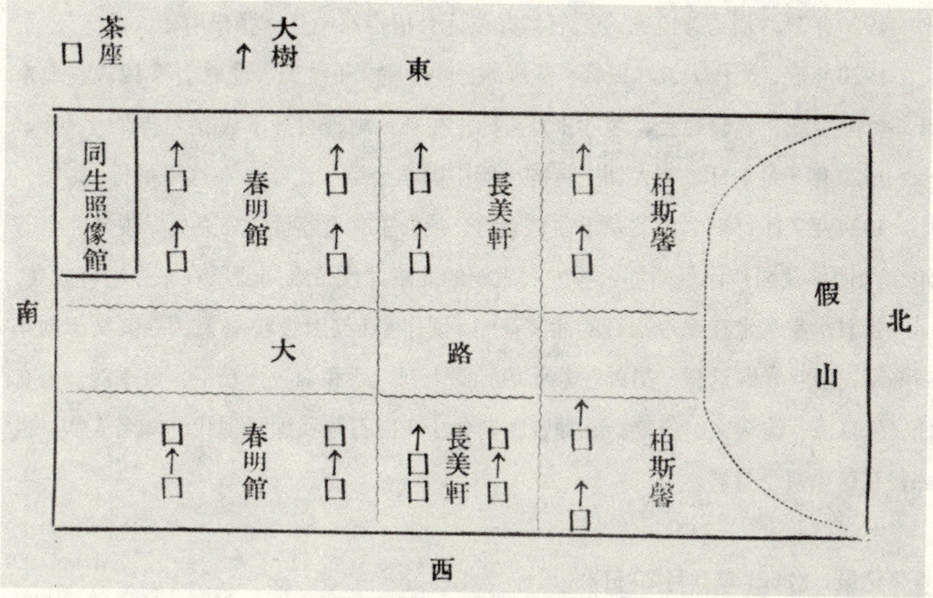

中山公园茶座位置图（民国年间）

宝琦很熟，对于“洪宪掌故”及外交秘闻，见闻甚富，有时候高兴起来，天南海北，高谈阔论，真使围坐环听的人，乐而忘倦，甚至拍案叫绝。……

常坐春明馆的，有已故诗人黄晦闻（节）先生，其他的许多老年人，可惜我不大认识。至于我常去坐的是长美轩，去得最勤的，是民国廿年，那时骂胡适之先生的林公铎（损）先生尚在北平，他常常邀我们去吃茶。还有两位也时常在长美轩茶座上的，是钱玄同和傅斯年，不过他两人比较特别，总是独自一人，仰天而坐，不约同伴，不招呼人。而疑古老人并且声明在案，凡在公园里，是绝对不和友人周旋的，就是遇见朋侪，也熟视无睹。他的哲学是：“逛公园本求清静，招呼人岂不麻烦。”可算是“独乐”的实行者了。不过这个公园里很少见胡适之周启明（注：周作人）两位的踪迹，而北海公园间或可以看见他们，这当然是北海的景物比较自然而伟大的缘故。

（摘自谢兴尧《中山公园的茶座》，1936年）

来今雨轩一直与中国新文化运动有着一种特别的关系，它的文化象征意义已远远超出了商业范畴。

20世纪20年代，鲁迅曾经与文化名人在这里喝茶聚会；

1920年夏，周恩来在来今雨轩举办茶话会招待邓中夏、张申府等人；

1920年底，周作人、郑振铎、沈雁冰、叶圣陶、王统照、许地山等12人在北京开始酝酿组织文学研究会，翌年1月4日，在来今雨轩召开了成立大会；

1920年7月1日，李大钊主持的少年中国学会第一次年会在这里举行。

1924年7月13日，由北京学生联合会、社会主义青年团、马克思学说研究会等50余个团体及国会议员胡鄂公等发起组织的北京“反帝大同盟”在来今雨轩成立。

张恨水常常坐在来今雨轩的后院茶座，创作《啼笑因缘》。林徽因在其文学创作高峰期，经常光顾这里。另外，蔡元培、章士钊、蔡和森、汪精卫、戴季陶、于右任、朱自清、沈从文、萧乾、陈师曾和老舍、齐白石等我国近现代的知名人物，也都曾在这里留下身影。

◉ 记录：《1921年6月20日》

北京大学、男女两高师、尚志学会、新学会五团体，于昨日午间在中央公园来今雨轩公饯杜威博士夫妇及女公子之行，到会者约八十人。十二时余，博士一家莅止，稍事寒暄，即入席。酒数巡，主席范源濂起立致辞，由胡适译为英语，大要说……

（摘自《胡适日记》）

《来今雨轩》

在二三十年代中，来今雨轩的茶客可以说是北京当年最阔气的茶客。外国人有各使馆的公使、参赞、洋行经理、博士、教授，中国人有各部总长、次长、银行行长、大学教授……大概当年北京的一等名流，很少有哪一位没在来今雨轩坐过茶座吧。来今雨轩茶资最贵，其实茶资贵还在其次，主要是它家的文化层次高、气氛浓，因而一般茶客是很少插足的了。

（摘自邓云乡《来今雨轩》）

来今雨轩（民国年间摄影）

来今雨轩始建于1915年，由当时中央公园董事会发起成立，轩名为朱启钤所定，取自杜甫《秋述》诗小序："秋，杜子卧病长安次旅，多雨生鱼，青苔及榻，常时车马之客，旧雨来，今雨不来"，"旧雨"指旧友，"今雨"指新友，"来今雨"意谓新旧朋友来此欢聚。近来，有学者经研究后倾向于：来今雨轩之取意命名，系源于屈原《山鬼》中的"东风飘兮神灵雨"之句，寓意吉祥发达、招客，不乏一股高雅大气。原匾额由北洋政府大总统徐世昌题写，落款是水竹邨人。现匾额已不存。

《民国十八年的一天》

那是民国十八年，旧京五月的天气。阳光虽然抹上一层淡云，风吹到人身上，并不觉得怎样凉。中山公园的丁香花、牡丹花、芍药花都开过去了；然而绿树荫中，零碎摆下些千叶石榴的盆景，猩红点点，在绿油油的叶子上正初生出来，分外觉得娇艳。水池子里的荷叶，不过碗口那样大小，约有一二十片，在鱼鳞般的浪纹上飘荡着。水边那些杨柳，拖着丈来长的绿穗子，和水里的影子对拂着。那绿树里有几间红色的屋子，不就是水榭后的"四宜轩"吗？在小山下隔岸望着，真个是一幅工笔图画啊！

这天，我换了一套灰色哔叽的便服，身上清爽极了。袋里揣了一本袖珍笔记本，穿过"四宜轩"，渡过石桥，直上小山来。在那一列土山之间，有一所茅草亭子，亭内并有一副石桌椅，正好休息。我便靠了石桌，坐在石墩上。这里是僻静之处，没什么人来往，由我慢慢的鉴赏着这一幅工笔的图画。虽然，我的目的，不在那石榴花上，不在荷钱上，也不在杨柳楼台一切景致上；我只要借这些外物，鼓动我的情绪。我趁着兴致很好的时候，脑筋里构出一种悲欢离合的幻影来。这些幻影，我不愿它立刻即逝，一想出来之后，马上掏出日记本子，用铅笔草草的录出大意了。这些幻影是什么？不瞒诸位说，就是诸位现在所读的《啼笑因缘》了。

（摘自张恨水《啼笑因缘》，1930年）

第四章 城南公园（先农坛）开放记

先农坛位于宣武区永定门内大街路西，与天坛隔路相望，是明清两代帝王祭祀神农、耕籍田和观耕的地方。1913年元旦，为纪念共和一周年，先农坛和天坛曾同时免费开放10天，为民国成立以来北京皇家坛庙开放之先行者。1915年6月17日，在京都市政公所的主持下，先农坛市民公园开放，1917年正式定名城南公园。

一、众神的渊薮

我国古史传说中，把最先教民耕种并受奉祀而成神者称作先农。这“先农”一般认为就是炎帝神农。相传炎帝姓姜，烈山氏，《白虎通义》记载：

古之人民皆食禽兽肉，至于神农，人民众多，禽兽不足。于是神农因天之时，分地之利，制耒耜，教民农作。神而化之，使民宜之，故谓之神农也。

历代帝王，皆建造先农坛祭祀神农，祈求风调雨顺五谷丰登，向天下臣民昭示皇帝重视农业的态度。

北京先农坛始建于明朝永乐十八年（1420），当时叫做山川坛。一切规制遵从太

先农坛内的太岁殿（1900年）

祖朱元璋在南京建的山川坛，但在高敞壮丽上更胜南京一筹。同时建有太岁坛（祭祀统管季节农时的神）、风云雷雨、五岳、四海等13座祭坛。明嘉靖年间，皇帝全面更改祀典，增建太岁殿、天神坛、地祇坛，其中天神坛设有风、雨、雷、电四坛；地祇坛设五岳、五镇、五陵山、四海、四渎等五坛，另有从祀的京畿山川西向排列，天下各大山川东向排列。至此，先农、太岁、神祇各得祭所，代表各种自然力量的众多神祇享受着皇帝奉上的烈烈香火。

清朝初期的统治者更加重视祭祀先农。乾隆年间对先农坛进行了大规模改建扩建，把木结构的观耕台改为砖石结构。并将原来的斋宫改名为庆成宫，籍耕礼举行完毕，皇帝在此接受百官朝贺。乾隆在修缮建筑的同时，还下令遍植树木。从此先农坛内苍松翠柏，佳木成荫，更显幽静肃穆。

每年的仲春亥日，皇帝来先农坛行祭祀礼，亲自耕田，行籍田礼。

在清代，籍田礼举行的前一天，户部、礼部的堂官要和顺天府的官员把耕籍器具与农作物的种子送到太和殿丹陛下，待皇上龙目御览后，再授还给顺天府官，顺天府官捧着从午门左门出，放在备好的彩亭内，送到先农坛籍田处。籍田仪式举行的当天清晨，午门钟鸣后，皇帝身着礼服，坐着龙辇，在陪耕文武官员的簇拥下，来到先农坛。先到先农神坛行祭礼，然后在具服殿换上明黄色的龙袍，稍微休息一下，由导驾官和太常寺卿充当导引，来到耕籍位。亲耕田就在观耕台的东面，共1.3亩，民间流行的“一亩三分地”的典故就是由此而来的。亲耕田两旁分为十二畦，由三公九卿从耕。皇帝在亲耕田面南站立，鸿胪寺官赞唱仪式开始，户部尚书、顺天府尹分别向皇上敬献耒耜、牛鞭，然后礼部銮仪卫、太常寺官导引皇上亲耕。明代的制度是皇帝右手扶犁，左手执鞭，往返犁三趟，府丞捧着装有种子的青箱，由户部侍郎跟着皇帝播种。亲耕之后，由教坊司乐工唱《三十六禾词》，礼部尚书、顺天府尹跪接耒耜、牛鞭，皇帝上观耕台看三公九卿籍田。亲耕仪式后，皇帝到斋宫，听礼部尚书跪奏终耕的亩数。后面还有一系列的赐茶、设宴、歌舞、杂戏等活动，直至皇帝乘辇回宫，午门再次钟鸣才宣告籍田礼仪结束。

（摘自肖飞、龙霄飞编著《北京的宫殿坛庙与胡同》，2004年）

二、平民公园和街市

鸦片战争后，封建王朝日趋衰弱，祭祀制度开始弛废，先农坛的往日辉煌一去不返。庚子年（1900）八国联军入侵北京，先农坛被美军占领成为兵营，太岁殿作了军队医院，神仓成为司令部。美军撤出时还将坛内的陈设物品席卷一空，先农坛元气大伤。辛亥以后，民国政府内务部成立礼俗司，统管清朝移交的皇家坛庙，在先农坛神仓设立坛庙管理所。当时，北京可供民众娱乐的地方极少，除了戏园、庙会外，仅有什刹海、陶然亭、通惠河上二闸等处，北海、颐和园、景山还是皇家内苑，太庙是皇家的祠堂，孔庙是重修一半被迫停工的“半拉工程”，社稷坛、先农坛、天坛也久已荒废。普通百姓对这些昔日的神秘之地抱有极大的好奇心，不少人私自进入坛庙游玩，并呼吁这些地方早日开放。政府逐渐开始动议筹办，但一时还实现不了。《鲁迅日记》壬子（1912年）6月14日记：午后与梅君光羲、胡君玉措赴天坛及先农坛，审其地可作公园不。

先农坛的围墙和门（民国年间摄影）

美军校学员在先农坛（民国年间摄影）

美军在先农坛内操练（民国年间摄影）

1913年1月1日，正逢民国成立一周年纪念日，古物保存所宣布将天坛、先农坛开放10天。“是日各处一律开放，不售入场券，凡我国男女、吾界及外邦人士届时均可随意入内观览。”这可真是轰动一时的盛事，各界民众如潮水般涌入二坛，先农坛内人头攒动，观者如堵。1913年1月4日的《正宗爱国报》记载下了当时盛况。

1914年，民国政府在太岁殿设立忠烈祠，以祭祀为创立民国而牺牲的烈士。太岁殿两庑改为礼器陈列所，集中展陈坛庙祭祀礼器。

1915年6月17日，正逢端午佳节，在京都市政公所的主持下，先农坛正式成为平民公园。这也是经过精心的选址和规划，在北京南城建成的第一座公园。坛内新辟鹿囿、花圃、书画社、球场、茶社、秋千圃、书报社等，还不时施放焰火，放映电影，特别是这里的焰火，成为公园特有的景观。

1919年，先农坛内兴建了两座新建筑。一座是以观耕台为底座，上建八角二层的观耕亭，门窗俱安彩色玻璃，其造型是仿造欧洲古典花园中的玻璃亭；另一座是纯欧洲式的三层钟塔，通称“四面钟”，估计是由德国建筑师设计。高大的钟塔位于外坛树林中，十分触目。

城南公园四面钟（旧照）

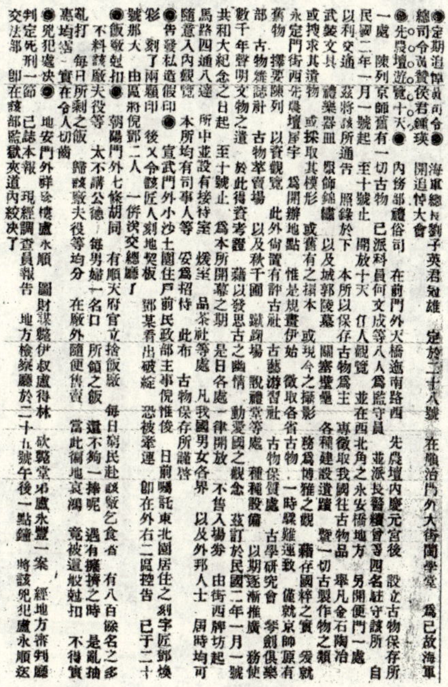

◉定期追悼前司令◉ 海軍總長劉子英君冠雄 定於二十八號 在順治門外大街閩學堂 爲已故海軍總司令黃贊侯君鍾瑛 開追悼大會

◉先農壇游覽十天◉ 內務部禮俗司 在前門外天橋迤南路西 先農壇內慶元宮後 設立古物保存所一處 陳列京師舊有一切古物 已派科員何文成等八人爲監守員 並派長警續曾等四名駐守該所 自民國二年一月一號起 至十號止 開放十天 任人觀覽 並在西北角之永安橋地方 另開便門一處 以利交通 茲將該所通告 照錄於下 本所以保存古物爲主 專徵取我國往古物品 舉凡金石陶冶 武裝文具 禮樂器皿 服飾錦繡 以及城郭陵墓 關塞壁壘 各種建設遺蹟 暨一切古製作物之類 或搜求其遺物 或採取其模形 或舊有之攝本 或現今之攝影 務爲博雅之觀 藉存國粹之實 爰就永定門街西先農壇屋宇 爲開辦地點 惟是規畫伊始 徵取各省古物 一時驟難運致 僅就京師原有舊物 擇要陳列 以資觀覽 此外尚置有許古社 古藝游習社 古物保質處 古學研究會 拳劍俱樂部 古物雜誌社 古物萃賣場 以及秋千圃 蹴踘場 說禮堂等處 種種設備 以期逐漸推廣 務使數千年聲明文物之遺 於此得資考證 藉以發思古之幽情 動愛國之觀念 茲訂於民國二年一月一號共和大紀念之日起 至十號止 爲本所開幕之期 是日各處一律開放 不售入場券 由街西牌坊起馬路四通八達 所中並設有接待室 煖室 品茶社等處 凡我國男女各界 以及外邦人士 屆時均可隨意入內觀覽 本所均有司事人等 妥爲招待 此布 古物保存所謹啓

◉告發私造假印◉ 宣武門外小沙土園住戶前民政部主事倪惟俊 日前囑託東北園居住之刻字匠鄧煥彩 刻了兩顆印 後又令該匠人刻地契板 鄧某看出破綻 恐被牽連 即在外右二區控告 已于二十號那天 由區將倪鄧二人 一併送交總廳了

◉飯敬剋扣◉ 朝陽門外七條胡同 有順天府官立捨飯廠 每日窮民赴廠乞食者 有八百餘名之多 不料該廠夫役等 太不講公德 每男婦一名口 所領之飯 還不夠一捧呢 遇有擁擠之時 是亂抽亂打 每日所剩之飯 歸該廠夫役等均分 在廠外隨便售賣 當此徧地哀鴻 竟被這般剋扣 不得實惠均霑 實在令人切齒

◉兇犯處決◉ 地安門外鮮魚檔盧永順 圖財謀斃伊叔盧得林 砍斃堂弟盧永豐一案 經地方審判廳判定死刑一節 已誌本報 現經調查員報告 地方檢察廳於二十九號午後一點鐘 將該兇犯盧永順送交法部 即在該部監獄夾道內絞決了

《正宗爱国报》报影（1913年1月4日）

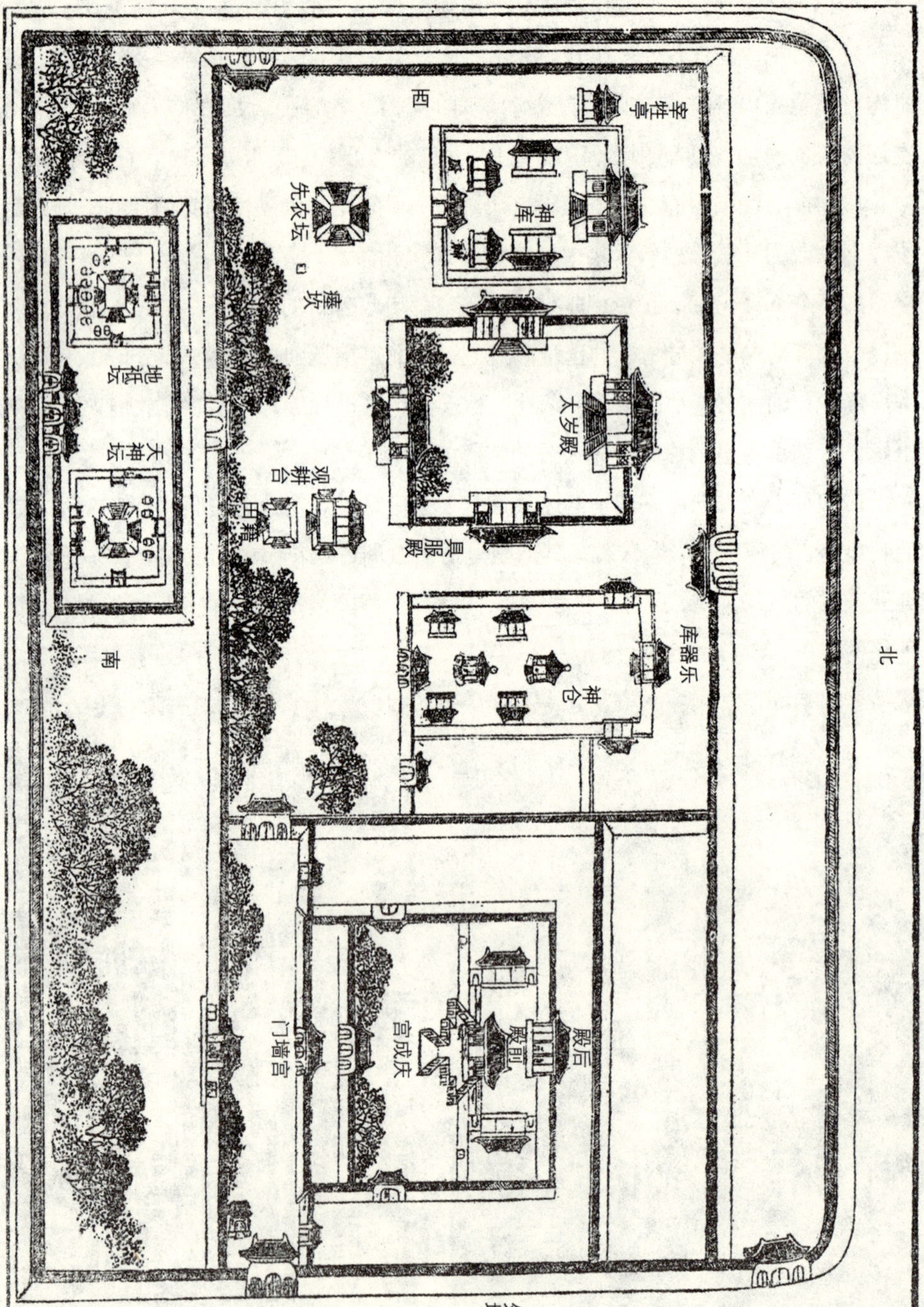

先农坛平面图（摘自《唐土名胜图会》）

1917年，京都市政公所将先农坛外墙拆毁，外坛北部作为市场，南部开辟为“城南公园”。一年多以后，市政公所把内坛也纳入管理，合并为一处公园。1918年在外坛北部建成“城南游艺园”，成为当时最吸引人的商业性游乐园，但只存在两年便歇业了。

先农坛外墙的拆毁，对周边环境产生了重大影响，后来这一带就向商业化、市井化发展。1927年，政府标价变卖外坛土地树木，仿照内城东安市场形式，兴建平民街市，规划道路。临街建起大量二层铺面房，入口设拱门，内部划分摊档巷道，招来商铺、茶社、戏园纷纷进驻。

◉ 记录:《内务部将拍卖先农坛地亩——划段出售，定价共分三等，可得五十余万巨款》

先农坛外坛地亩，前年张鲁泉以效力选曹，得以贱价租赁。直系既败，该地又由内务部收回。近内务部大行添员加薪，每月支出，已出预算之外，乃计划将外坛地亩辟为新街市，俾筹得一大笔经费。闻此项计划，已由部中拟妥，并绘有图样，即日招商拍卖。其计划内容，大概就外坛五百余亩之地，分段零售。每段约占二亩余。就地点之优劣，又分为三等，甲等定价二千二百元，乙等二千元，丙等一千八百元。该处地亩东西至围墙而止，北至城南公园之南，南至内坛围墙之北。在游艺园之南，至四面钟之北，均属甲等地亩。在四面钟之南，至内坛围墙止，为乙等地亩。四面钟之西，则全属丙等地亩。又对于购买该处地亩者，有一种制限，即须按照该部所绘之图样，起盖房屋，以期一律。按此项地亩如全行售出，计可得五十余万元巨款，其用途遂渐引人注意云。

（摘自1925年5月12日《晨报》第6版）

在北京诸多皇家坛庙中，没有哪一座比先农坛变化更大。由于引入了公园、游艺园和市场，又由于坛北“新市区”的兴建和东部天桥市场的兴起，它过去几百年间所保持的肃穆风貌，在短短一二十年间，就完全被新兴的市民经济和商业风气所冲破。

1936年，政府又在东南角上建了公共体育场。原来规模颇大的先农坛，就仅剩核心部分的少数殿宇，而且被占用。其中具服殿为驻军长官办公处，神仓为坛庙管理所，庆成宫曾办中华女子养蜂场等。

新世界游艺场（民国年间摄影）

新世界游艺场，地处天桥之西，是仿造上海大世界的模样修建的环形五层大楼。游艺场的开办，使得整个儿街道更显繁华。

解放以后，先农坛长期被一些单位占用，直到80年代末才得到应有的保护。如今，先农坛体育场已是一座现代化的体育场馆。在修葺一新的太岁殿建起了北京古代建筑博物馆，中国历代古建筑展品在此地铺展开来，与肃穆轩昂的太岁殿交相辉映。坛内现存建筑还有先农神坛、观耕台、庆成宫、神祇坛，静静地等待着游人的探访。先农坛开始了它新的生命历程，90多年前的“城南公园”已完全留在了历史的书页里。

◉ 记录：《先农坛观览纪事》

阳历一月一号，为北京古物保存所开幕之第一日。午饭既毕，本馆书记偕二三友人，欣然往观。先至正阳门大街，见两旁商铺，悬灯结彩，高挂国旗，万户千家，光辉灿烂。路上则红男绿女，白叟黄童，扶老携幼，纷至沓来。其一种欢欣鼓舞如痴如狂之态，实有非笔墨能以形容者。殆所谓如鲫如蚁车水马龙，不过如是也。大桥上有新式彩牌楼一座，其附近一带，如茶棚酒肆、书场戏园、杂技场、跑马场，或人声嘈杂，或锣鼓喧天，热闹非常。自天桥马路迤南，直至两坛之头道门，道两旁皆设红灯。至先农坛前，遂弃车步行。有松枝牌楼，又穿一彩牌楼，进先农坛门。见古木参天，松柏交翠，琼楼玉宇，巍巍峨峨。既而入南门，曲折而西行，入正门，至太岁殿前。古炉宝鼎，罗列期间。并有多数运动家，在行人往来之中，踢皮球为戏（今已移在蹴鞠场）。东配殿，即系古物保存所（购票入览），内陈钟鼓音乐之类、周彝商盘之属。西配殿之窗　，皆以布为帘，故未得其真相。盖所谓评古社、古物保存社、古学研究会、古物杂志社等处，其在兹乎！出西北旁门而西行，即古物萃卖场，然不过拓本字画、古玩玉器、旧瓷等等而已。又西北行见破屋两椽，内陈古琴多张，及铜缸皮鼓，并木质铜质制成之鸟兽模型等类，其西南即秋千圃、品茶社、蹴蹴场等，游人往来其间。秋千圃中有脚踏车家，在彼玩赏，行车练技，百巧千奇。再东则古艺游习社，抖空竹者有之，耍中幡者有之，甚至拉大片与变戏法儿者，亦皆有之。再折而东行，入山门，为庆成宫。宫内即共和纪念会先烈坛在焉。嗣以为时太晚，未能尽兴而归。

(摘自1913年1月4日《正宗爱国报》)

《市公园之增设：先农坛》

公园之设，与市民精神身体都有密切关系。这种道理，本通告已经说过多次。言论所及，即有事实随之，故此社稷坛之中央公园早已着手经营。数月以来，各处布置得渐臻完美，一般市民非常表示欢迎，可见京都市民之对于公园，并不是漠然置之。惟认真讲起来，京都市内，面积如此之大，人口如此之多，仅仅一处中央公园，实在不足供市民之需要。因为中央公园设在前门里头，仅便于内城一带居民，而于南城外头，有城墙阻隔，终觉不便。要据户口调查起来，外城居民较内城格外稠密，红尘十丈，很难找一处藏休息游的地方。平常日子只有个陶然亭可以登临，此外就

新辟香厂建筑（民国年间摄影）

城南公园内鹿囿（民国年间摄影）

得等着各处庙会，借以遣兴。其实那些地方全不能尽合公园性质，所以那些高雅的市民，每逢春夏天气，因城市无可游览，往往到西山一带扩一扩胸襟，吸些新鲜空气。等而下之，也要三个一群，五个一伙，往郊外野茶馆里吃吃茶，看看野景，聊以自娱。此等情形，实在因为城里头没有适当公园，才逼出来的。按说南城南部地方，空旷的很多，何以不能设一两处公园，使南城外市民，也稍享一点幸福。怎奈细一考究，东边万柳堂故址，若打算回复原状，不但费手续，而且交通上也不便利；西边黑龙潭一带，地方窄小，也不够公园之用；此外空地，又多被义地占了去，荒冢累累，打算改建公园，殊觉困难。所以这外城公园的问题，研究了多少日期，最后才想出一个最简便的法子，择定一处相宜的地势，就是就先农坛开放，作为南城外的公园。该处当年本是禁地而极合乎公园之用：第一土脉干净；第二地势宽绰；第三有的是亭台殿阁；第四有的是古木奇花。有这现成好地方，开放出来，作为公园，这真是有钱也办不到的。不必说中国，就在世界各国里，也怕找不出这么几处好地方。如今既然没坛庙祭祀的关系，市民大可以得点便宜，故此由内务部拟定办法，派员经营起来。从此以后，这京都市上，于社稷坛中央公园以外，又添了第二处公园了。

题目既然认定，该讲到做文章了。这公园之内，该如何布置？也很得费一番心思的。先农坛内，本分为两部，头道坛门以内，原有二道坛门。现以二道坛门以外

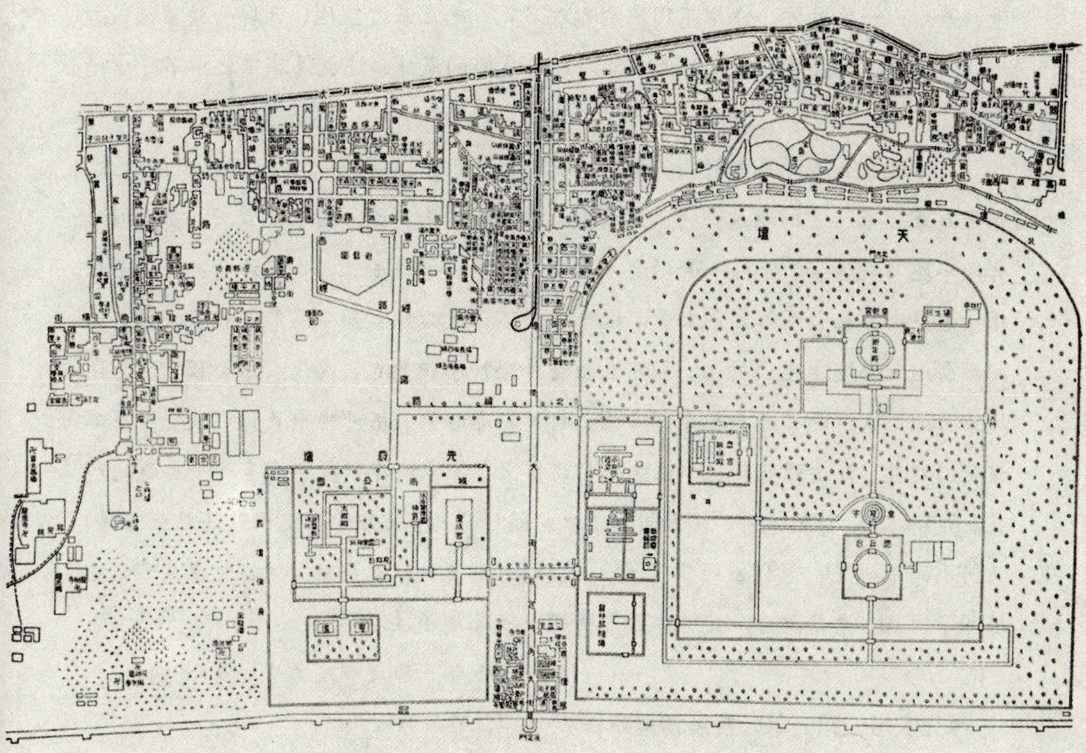

南城地图（局部，1935 年）

为外部，二道坛门以内为内部，外部开两个门，除去原有天桥迤西那道坛门之外，又在香厂迤南开一道北坛门，为是往来便利。至于内部的布置，有鱼庄、鹿囿、秋千圃、抛球场、蹴球场等等设备。鱼庄设在二道门内松树桁一带，鹿囿设在西边柏树林内（现由热河避暑山庄运来的驯鹿一百四十只都在鹿囿里养活着，供大家观看）。秋千圃与抛球场都设在太岁殿前面。太岁殿上另组织茶社，可以供游人休息品茶之用。殿前两廊，就是原设的礼器陈列所，其中历代古物也可以随便瞻览。又在庆成宫前，设一处蹴球场，以为游人练习体育之用。此外还要添荷花池、电影室、照相馆等等，总期望这公园之内，无美不备，才不辜负这么好的地方。

以上所说，全是公园内的市景，至于坛内植物，除去原有树木之外，本还有许多花池，种着各种花草。现在既然组织公园，还要加意经营，所有二道坛门以内，沿路都要种上花卉。正殿前面松林之内，有了空地也都一律栽种。还要在东边桃林一带，另划出一段地方，作为花厂陈列各种名花。更在东边空地，开辟一处菜园，种上各种菜蔬。为是游人走到那里，可以领略乡间的风味，这也是城市之中不可少的境界。

将来这座公园开幕之时，一般市民必定十分欢迎。何以言之呢？因为天桥地方，本来就是大家注意的地方，一年到头逛天桥的人往来不断。到了夏景天，永定门外有跑车跑马的惯习，天桥一带的游人更是格外多。每当下午，必有许多游人在西坛根休息纳凉。在大家心里，未尝不以先农坛不开放为憾。如今果然组织了公园，请问哪些逛天桥逛永定门的人，能不喜出望外吗？不但此也，这先农坛公园，因为阴历五月间，京中既有跑马跑车的习惯，打算到那时候，格外为市民谋利便。要在二道坛门以外，开出两股马道，道旁也招商搭上茶棚，预备一般市民多一个游逛的所在。所有游人，到了天桥，就如同到了永定门外一般。而且比永定门外还胜强百倍，又何乐而不为呢？该公园经营布置，必须略收游资，以资补助。现在售票章程，已经印了出来，票价极廉，定于端阳节开幕，大家逛逛去罢！

（摘自1915年5月《市政通告》第18期）

《先农坛公园开幕公告及售票章程》

启者：城市之居，动多嚣隘，辽阔之地每苦荒芜。欲谋社会之健康，宜有游观之胜概。以故东西各国，于都会所在无不建设公园。棋布星罗，便人游憩，法至良意至美也。京师为人文骈萃之区，比户繁稠，四民云集，公共卫生所宜筹备。上年始由都市绅商集资，就天安门内社稷坛组织中央公园，椎轮式启，游展纷来，亦云盛矣。惟该处仅限于内城一隅，外城地方尚付阙如，不无歉憾。查南城一带，向以繁盛著称，惜所有名胜处所，或辟在郊原，或囿于寺观，既无广大规模，复乏天然风景。详加审度，惟先农坛内，地势闳阔，殿宇崔嵬，老树蓊郁，杂花缤纷。其松柏之最古者，求之欧美各邦殆不多觏（注：遇见），洵天然景物之大观，改建公园之上选也。

兹为都人士公共游乐计，特开放该处为公园。由内务部派员董理，新辟路径，酌葺亭台，不事雕琢，不尚绮丽，就良好之基础，加以适宜之点缀。榛莽既去，气象丕新，溽暑困人，允宜消夏。一切经营布置现已分途进行，撮要列举如左：

一曰布景：坛内二道门松桁一带，安设鱼庄一区。五色文鳞游泳荇藻。西偏柏林内添设鹿囿，由热河避暑山庄运来驯鹿百四十头，结队濯濯，别饶天趣。又于太岁穿殿中设有茶社，殿前辟秋千圃、抛球场，以助游人活泼。殿之东偏为观耕台，八角亭巍然高耸，清簟（注：竹席）疏帘，藉资休息。正殿两廊为礼器陈列所，内有商周彝器坛庙法物，以及内府之藏，册封之宝，均分别标题，期便展览。殿侧西偏草亭一座，以枯干为之，斑斓古藤，一洗华靡。再南为雩坛，曲径通幽，松翠欲滴，为全园最静僻之地。清风徐来，涛声入耳，朝曦夕照，眺望为宜。其庆成宫前，更就地辟蹴球场一区。此皆布置已经完竣者。又如开辟马路，另浚荷池，筑渠引水等工，均已勘定地址，不日兴作。余如写真馆、电影室，均当次第敷设，俾臻美备。

二曰种植：园内旧有琉璃花池，种花甚多，既已异常茂密。现又于二道坛内、沿路两旁及正殿松林隙地，杂植花草。其东偏桃林一带，约八九亩，均划为陈列花卉之所。红紫纷披，最堪娱目。并于东隅隙地，另辟菜畦，篱豆花开，宛然村落，可以领略田家风味。

三曰交通：由天桥至先农坛，向系石路，坑坎不平，颇为行人所苦。现在先行平垫，将来仍兴筑马路，以便通行。又于香厂迤南，另辟北坛门，由此直达坛内，更为便捷。园以内坦途周达，树荫夹道，沿途置有各式游椅，随时随地均可散步休息。

以上皆公园内外布置之大概情形也。刻定于六月十七日即阴历五月初五日为开幕之期。都中习惯，每年端节前后，向有驰赛车马之举。本园开放适值其时，爰于二道门外空旷地方，开辟跑马场两道，用备各界驰骋。并招商支搭凉棚，杂陈百戏。即由六月十七日即阴历五月初五日起，至七月二日即阴历五月二十日止，循都市之旧风，为开幕之纪念。想届时，倾城士女，联袂而来，当无不以先睹为快也。附列售票简章，即希公览。特此通告。

（摘自1915年5月20日《市政通告》第19期）

《先农坛公园售票简章》

本公园售票时间：每日由上午六钟起，至下午十钟止。

游人于先农坛头道坛门或香厂北坛门购入门票，于二道坛门购游览票。入门票收铜元一枚，游览票收铜元五枚，均以一人为限。入门剪票，出门收票，怀抱幼孩毋庸购票。

游人车马准入头道坛门及北坛门。乘马及人力车入门票价均收铜元二枚，轿车马车汽车入门票价收铜元三枚，其乘马及乘车之人即不另收入门票。

游览票如于头道坛门或北坛门时一并购买者，悉听游人自便。

游人及车马路线，并停止车马停放车马地点，均依照木牌指定标识，不得紊乱次序。

（摘自1915年5月20日《市政通告》第19期）

先农坛，自民国初年即改为城南公园，售票较其他公园为廉，然以僻在城南，游人较少，坛地甚广，外坛北面之一部分，于中华民国三四年间，划为城南游艺园，其余各地，均归公园管理。袁项城（注：袁世凯）时，政府委托新华银行发行之有奖储蓄票，三届抽签，均在该园旷场举行。郑汝成被刺于上海，亦在园内开追悼会。颇极一时车马喧天之盛。嗣是之后，沉寂无闻。然园中古柏参天，苍松偃地，神祇坛内左右森列数十株，偃蹇扶疏，实较他处为奇古。民国十六年，内务部以薪俸无所出，几欲伐之以为薪，嗣以市民力争，事始中辍。入门左侧为鹿囿，畜鹿十数。其南为神仓，坛庙管理处设于此。或云即旗纛庙旧址。南为花肆，与神仓相对者为牺牲所。又南为具服殿，前有月台，今为公园事务所办公处。民国十六年，改为诵豳堂，其南为观耕台，台上建八角琉璃亭，亭西栽果木甚多，每届春时，桃花盛开，数千百株，灿烂如锦，为城中看桃花第一处。……中华民国十八年，外坛墙垣均拆去，现所存者，仅内坛一部分之地，不过四分之一矣。

（摘自陈宗蕃编纂《燕都丛考》，1931年）

第五章 天坛公园开放记

天坛，是明清帝王祭天祈谷的场所，始建于明朝永乐十八年（1420）。这里有庄严华美的殿宇，苍古繁茂的林木，在京华诸多名胜中堪称翘楚。天坛作为皇家祭坛的历史有490年，一直是无上神圣的所在，民国肇始，它的地位骤然跌落，一度沦为林场、跑马场、战场，多次遭到驻军洗劫破坏。1918年1月1日，在民国政府内务部的主持下，天坛被辟为公园，正式向民众开放。

一、皇家禁地与踏青去处

明清时期，天坛属于皇家禁地，坛墙外设有保护地，平民不得进入。但制度上虽如此规定，实际执行并不总是严格。明朝后期，天坛神乐署那些奏乐、演舞的道士们为谋求生财之道，在乐署周围开设茶舍，招人入坛游玩。京城逐渐形成了端午节去天坛踏青的风俗，一些权贵和太监甚至在此射箭取乐。据明代沉德符的笔记《万历野获编》记载：

京师及边镇，最重午节，至今各边，是日俱射柳较胜，士卒命中者，将帅次第赏赉。京师惟天坛游人最胜，连钱障泥，联镳飞镳（注：马笼头），豪门大估之外，则中官辈（注：太监）竞以骑射为娱，盖皆赐沐，请假而出者。

到了清朝初期，风俗依然如此。《顺天府志》有载："端午，用角黍、杏子相遗，挈酒游高梁（桥）或天坛，坛中有决射者，盖射柳遗意。"雍乾时人潘荣陛所撰《帝京岁时纪胜》还写到在天坛跑马纵酒之乐："帝京午节，极胜游览，或南顶城隍庙游迴，或午后家宴毕，仍修射柳故事，于天坛长垣之下，骋骑走繲，更入坛内神乐观前，摸壁赌墅，陈蔬肴，酌余酒，喧呼于夕阳芳树之下。竟日忘归。"

康熙朝翰林王士祯曾作《竹枝词》记其在天坛品茶的感受："京师土脉少甘泉，顾渚春芽枉费煎。惟有天坛石甃好，清波一勺卖千钱。"于此可知，当时的北京多数

天坛采药（摘自清朝麟庆著《鸿雪因缘图记》）

原文记载：坛内树木森蔚，药草苾芬，所产益母最良。肃禁时，高宗（注：乾隆）特准神乐观官生开药肆十六，以利施济。年例秋后入坛采刈。癸卯（1843年），届期，贺焕文因龚、刘二生招余同行，二生司乐舞，俗称金童。恭纪以诗曰：肃穆圜丘下，翩因采药来。绿荫浓苑树，元瓦丽坛台。宝地寻芝术，金童辟草莱。先皇隆肸蛮，（注：传播布散）曾许侍班陪。

水井苦涩，而天坛的水则是奇货可居，用来沏茶尤为理想。尽管“一勺卖千钱”，价格不菲，但购买者亦大有人在。

至雍正年间，皇帝听说有大臣官员在坛内饮酒嬉戏、放鹰打枪等事，动了盛怒，用了强硬手段严加整治，自此进坛游玩的人锐减。但至嘉庆朝，此风再次抬头，尤以神乐署一带为盛，于是嘉庆十三年（1808年）下旨清理神乐署店铺。

◉ **记录：**

谕：天地坛大祀，由太常寺衙门同礼部堂官恭奉神牌敬安龙亭，请至坛上。礼成复御，典礼綦严。所有舁亭校尉，及督率官员，理宜整肃威仪，用昭诚敬。嗣后恭遇大祀，着銮仪卫拣派熟习正身校尉，并添职官四员，头役六名，小心照料。其职名花名，先期咨送礼部太常寺，严加查核。倘敢搀杂外人，或人数不敷，致有礼仪不肃之处，即着该部寺据实参奏。（嘉庆八年）

谕：恭遇大祀致斋期内，理应虔洁。况郊坛重地，尤当敬谨严肃，岂可容人在彼沽酒，致令滋事。着管门官弁等严行稽查，毋令人携酒入内，亦不准卖酒人入内。倘视为具文，一经觉察，究治不贷。（嘉庆十八年）

（摘自《大清会典事例·大祀》）

尽管有些小漏洞，但帝制时代对天坛的管理还是比较完备的。坛内古建、器物例有岁修，使用有章，保护得当，天坛因此才会成为风景优美的踏青去处。进入民国时代，由于政局动荡，连年战乱，天坛开始了它多灾多难的历程。

二、1913年元旦：免费开放10天

1912年2月，随着清帝的退位，祭天仪式也成为历史，天坛由逊清廷典礼院移交中华民国政府内务部礼俗司掌管。移交前，清皇室将原供奉在天坛的祖先神牌全部撤走，移入太庙，祈年殿及斋宫等处殿堂随之关闭。但内务部对天坛仅仅是名义上的接收，既没有派驻管理人员，也顾不上订立新的管理办法。天坛成了“三不管”区域，虽未明令开放，但私自入内游玩者越来越多。

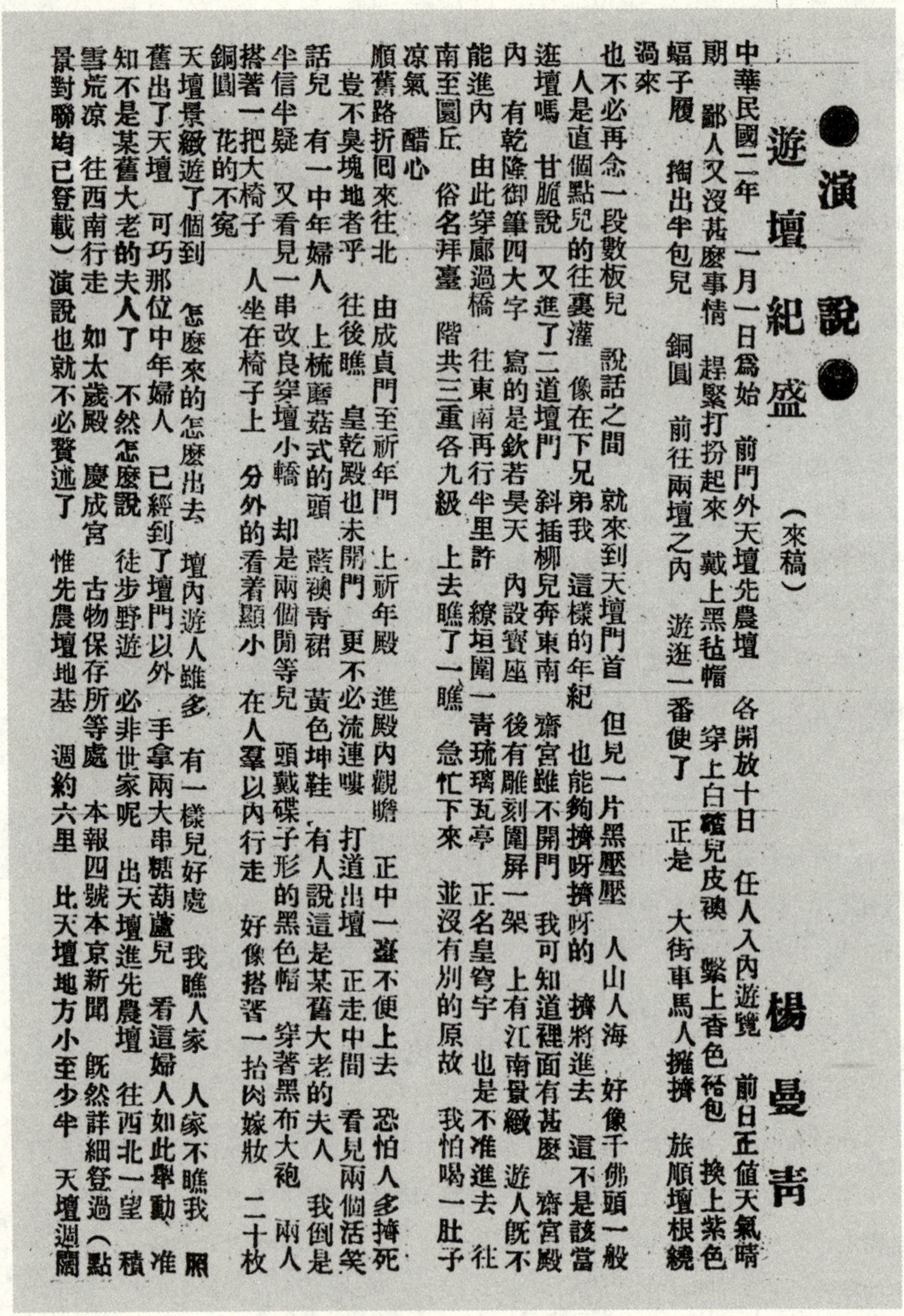

●演說●

遊壇紀盛（來稿）　楊曼青

中華民國二年　一月一日爲始　前門外天壇先農壇　各開放十日　任人入內遊覽　前日正値天氣晴朗　鄙人又沒甚麼事情　趕緊打扮起來　戴上黑毡帽　穿上白襪兒皮襖　繫上香色褡包　換上紫色蝠子履　掏出半包兒　銅圓　前往兩壇之內　遊逛一番便了　正是　大街車馬人擁擠　旅順壇根繞過來

也不必再念一段數板兒　說話之間　就來到天壇門首　但見一片黑壓壓　人山人海　好像千佛頭一般人是直個點兒的往裏灌　像在下兒弟我　這樣的年紀　也能夠擠呀擠呀的　擠將進去　這不是該當逛壇嗎　甘脆說　又進了二道壇門　斜插柳兒奔東南　齋宮雖不開門　我可知道裡面有甚麼　齋宮殿內　有乾隆御筆四大字　寫的是欽若昊天　內設寶座　後有雕刻圍屏一架　上有江南景緻　遊人既不能進內　由此穿廊過橋　往東南再行半里許　繚垣闌一靑琉璃瓦亭　正名皇穹宇　也是不准進去　往南至圜丘　俗名拜臺　階共三重各九級　上去瞧了一瞧　急忙下來　並沒有別的原故　我怕喝一肚子涼氣　醋心

順舊路折回來往北　由成貞門至祈年門　上祈年殿　進殿內觀瞻　正中一龕不便上去　恐怕人多擠死豈不臭塊地者乎　往後瞧　皇乾殿也未開門　更不必流連嘍　打道出壇　正走中間　看見兩個活笑話兒　有一中年婦人　上梳蘑菇式的頭　藍襖靑裙　黃色坤鞋　有人說這是某舊大老的夫人　我倒是半信半疑　又看見一串改良穿壇小轎　却是兩個閒等兒　頭戴碟子形的黑色帽　穿著黑布大袍　兩人搭著一把大椅子　人坐在椅子上　分外的看着顯小　在人羣以內行走　好像搭啓一抬肉嫁妝　二十枚銅圓　花的不寃

天壇景緻遊了個到　怎麼來的怎麼出去　壇內遊人雖多　有一樣兒好處　我瞧人家　人家不瞧我　照舊出了天壇　可巧那位中年婦人　已經到了壇門以外　手拿兩大串糖葫蘆兒　看這婦人如此舉動　准知不是某舊大老的夫人了　不然怎麼說　徒步野遊　必非世家呢　出天壇進先農壇　往西北一望　積雪荒涼　往西南行走　如太歲殿　慶成宮　古物保存所等處　本報四號本京新聞　既然詳細登過（點景對聯均已登載）演說也就不必贅述了　惟先農壇地基　週約六里　比天壇地方小至少半　天壇週闈

《正宗爱国报》报影（1913年1月13日）

1912年11月，礼俗司下设古物保存所，将天坛所藏珍贵物品全部移存到先农坛。12月27日，古物保存所在报上发表公告：

本所以保存古物为主，专征取我国往古物品，务为博雅之观，藉存国粹之实，爰就永定门街西之先农坛屋宇为开办地点，就京师原有旧物择要陈列，以资观览。兹定于中华民国二年一月一日，共和大纪念之日起至十日止为本所开幕之期。是日各处一律开放，不售入场券，凡我国男女、吾界及外邦人士届时均可随意入内观览。

这可是官方第一次对民众开放皇家祭坛，而且是免费的！开放日期定在1913年元旦，为期10天。当时社稷坛还没有改建成中央公园，京城普通百姓可是破天荒头一遭，毫无限制地涌进昔日的皇家禁地。在1913年1月13日的《正宗爱国报》上，有一篇杨曼青的《游坛纪盛》，极其生动地描述了当时的盛况：

中华民国二年一月一日为始，前门外天坛先农坛各开放十日任人入内游览，天坛门首，但见一片黑压压的人山人海，好像千佛头一般，人是直个点的往里灌，……这一开放，把荒凉的坛地变成无限繁华。这几天游人日盛，不止北京一方面，连天津、保定府、通州之人来逛的也不在少数。

这次短暂的开放“把荒凉的坛地变成无限繁华”，但只如烟花的瞬间闪亮，天坛还未成为公园，还没有正常的开放制度。在后来的5年间，它又经历了一些波折和创痛。

三、1918年元旦：正式售票开放

1914年，外务部礼俗司允许外国人执外交部发行的“天坛介绍券”进入天坛参观，并订有外宾参观天坛规则：

一、每年除冬至祀天日期及祀期前十日以内应清除道路停止参观外，得查照本规则第三条之规定按时参观，但遇有特别事故时亦得随时停止；

二、参观人除各公使馆馆员持有外交部所发长期门照外，其余驻京或来京游历之员理由各国公使开具姓名函请外交部填给门照，到坛缴照放入，如无此项门照或系过期废照一律阻止；

三、参观时间：春分以后自上午九时起至下午六时止，秋分以后自上午十时至下午五时止。

四、参观人应在二道门外左右空地竖有标志之处停止车马；

五、参观人不得折损坛内树枝，移毁坛内建筑物品；

六、参观人不得携带酒食入坛饮宴；

七、参观人应遵守坛内各项规则并应受坛内管理员及驻坛警察之指导。

1915年，天坛全年收回外国人参观门照共计2830张。

尽管发行了外宾用的“门照”，但这仍然不是真正意义上的公园开放。1914年5月，中华民国政府内务总长朱启钤向大总统袁世凯呈文《请开京畿名胜》，文曰：

为呈请事，窃维古代建筑及时宜与保存，胜迹留遗因物可以观感，是以文教之邦，于内国名区必交相崇饰，侈为国光，熙皞（注：广大）同游，兼资考镜。泰西各国，如罗马古迹、瑞士名山，林泉多恣其登临，寺塔或传于图画，类皆池御无禁，屐綦萃至，规定醵金，布诸令甲，缮治无烦于国帑，见闻弥益于旅行。我国建邦最

天坛祈年殿（1900年）

天坛皇穹宇（1900年）

天坛圜丘（民国年间）

天坛圜丘坛（民国年间）

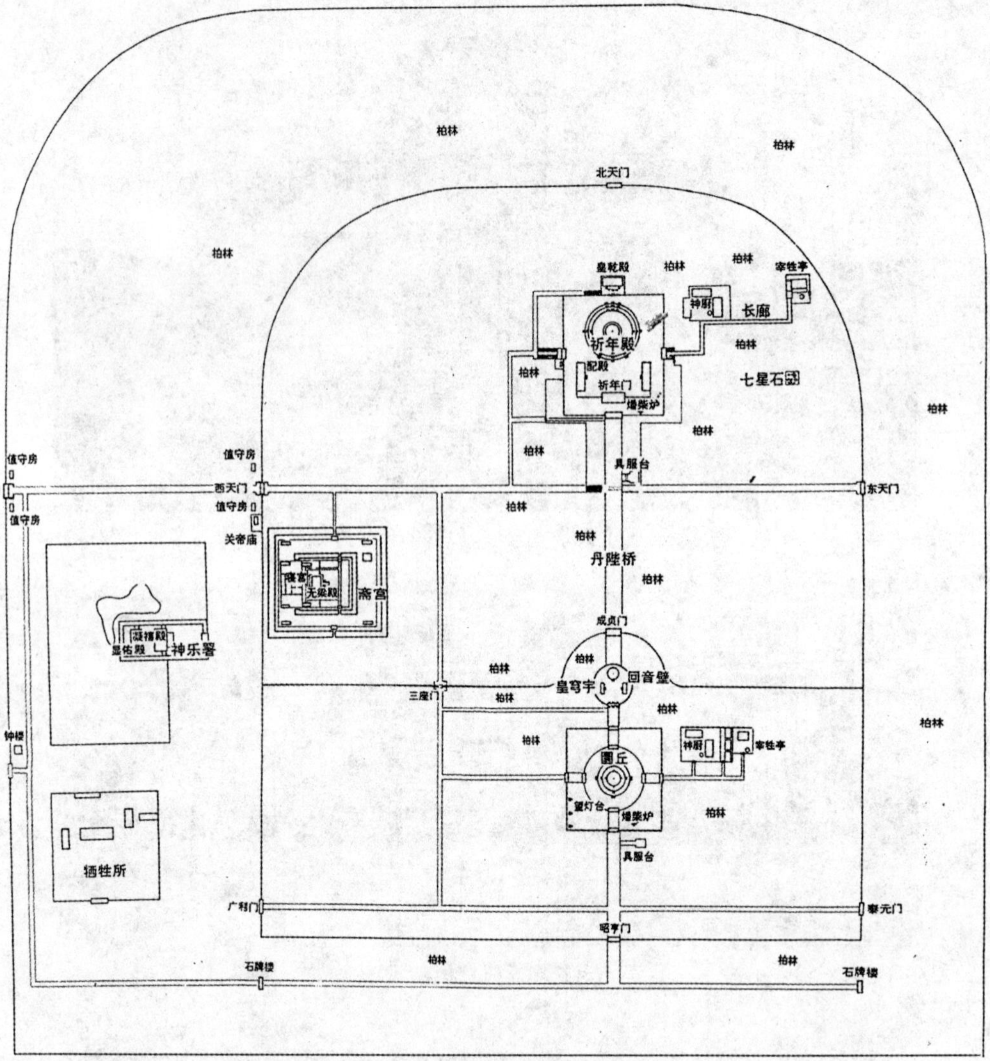

天坛全图（清代）

古，名迹尤多。山川胜概，每存圣哲之遗踪，宫阙钜观，实号神明之隩宅。望古遥集，先民是程。与其严樵苏之禁，积习相仍；何如纵台沼之观，与民同乐？所有京畿名胜，如天坛、文庙、国子监、黄寺、雍和宫、北海、景山、颐和园、玉泉山、汤山、历代山陵等处，或极工程之雄丽，或矜器艺之流传，或以致其信仰，凡外人之觇国来游与夫都人士向风怀慕者，罔不及其闲暇，冀得览观。故名虽禁地，不乏游人，具有空文，实无限制。若竟拘牵自囿，殊非政体之宜。及今启闭以时，倘亦群情所附，亟应详定规条，申明约束，以昭整肃而遂观瞻。本部屡与外交部及顺天府会同裻（注：核实）议办法，兹经订定《京畿游览场所章程》十条，拟于前列各场所中择一、二处先行开放，其余酌量情形，再与各主管机关陆续协商办理。是否有当，理合缮单呈请大总统鉴覆批示施行。谨呈。

朱氏此文，实开一代新风。他说出了京城诸多名胜处在开放与封闭的夹缝之间的真实状态："名虽禁地，不乏游人，具有空文，实无限制。"又进而点出了现代意义上的公园管理之道，"亟应详定规条，申明约束，以昭整肃而遂观瞻"。也就是要订立合适的规章制度，来保证开放游览和古迹保护两不误。更加具有创见的是，朱氏参照外国做法，把名胜古迹视作文化资源，发现它们的经济价值，提倡以开放促进管理和发展。在后来京城名胜陆续开放、开发的过程中，可以看到朱氏的思想产生了决定性的作用。

该呈文得到袁大总统批示："呈单并悉，所拟章程尚属妥洽，准予照办。除北海、景山、颐和园、玉泉山外，应由该部酌择一、二处先行开放。"

朱启钤在拟开放名胜中，把天坛列为首位，袁世凯在批示中也没有提出异议。但就在这一年的12月23日，袁世凯率领百官在天坛搞了一次不伦不类的仿古式祭天，开放天坛的事遂被搁置。而在朱启钤的主持建设下，社稷坛已于1914年10月10日率先开放，成为民国历史上开放的第一座公园。在袁世凯复辟帝制的闹剧中，天坛被尴尬地利用，痛失一次成为公园的机会。

◉ 记录：《取缔游坛》

内务部以大总统郊天在即，查中外游览天坛之人甚繁，恐有不肖之徒，混迹其间。除拟定限制华人游览外，会商外交部，请其规定取缔外人游览章程，以昭慎重。昨已咨覆定出此章十余条，现已饬令警察厅区查照遵行。

（摘自1914年12月6日《群强报》）

《天坛之今昔观》（节选）

考察天坛，虽建筑于明代，然明代亦本于金元时代郊坛旧址修建的。到了清时末叶，郊天大祀，已渐渐地不提。何者为昊天，何者为半阴天，不祀还能打谁一天吗？这宗无情无理的开化，天坛大祀，才中止了二年。

自古以来的中国，没有不敬天的国家。古之王者，敬天法地，不然怎么说合天意顺人心呢？王者敬天，表率人民，合乎尊崇天道之理，其中深意甚多，也不必细批细讲。我敢说中国人民，若三十年不知敬天，人伦自能断绝。人伦断绝，与禽兽也就差不远了，所以说王者敬天，才是维持真正的人道！

今天是中华民国三年十二月二十三日，大总统亲诣圜丘，举行郊天大祀。上承天意，下合人心，实为国民之幸福。人之四维，有以赖之。再观正阳门外，天桥迤南，景象肃然，大非昔日之天坛可比。至于大总统应行礼节，与前朝有何异同，则又非记者所知。然记者之私向，惟愿我大总统应行礼仪，较历代各朝，尊重有以过之。

（摘自1914年12月23日《群强报》）

《大总统举行之圜丘祭》

大总统此次初行大祀天于圜丘，典礼所有礼节已志昨报。兹闻昨日大总统于上午六钟余，由公府乘坐汽舆恭往天坛。沿途军警，卫护森严，经过之官厅商铺皆高挂国旗。石路中间悉行铺垫黄土，肃静已极。时至六点十余分钟，大总统汽舆行抵坛内，至昭亨门外降舆，入更衣幄，次稍憩，更换祭服，读阅祝版毕，由内务总长及礼官等恭导大总统升至祭台上，鸣赞官唱奏乐章。斯钟鼓合鸣，复唱跪拜礼，大总统依赞行礼，陪祀人员皆在台下行礼。迨礼成，时已八点三十余分钟。礼官复引大总统还至更衣幄，次更换礼服，饮茶一杯，即乘礼舆回公府，时尚未及九钟。并闻是日军警于警卫事宜之出发人数共有万余。

（摘自1914年12月24日《顺天时报》）

《祀天大典》

本日为冬至令节，大总统亲谒圜丘举行祀天大典。衣冠楚楚，礼乐彬彬，诚盛事也。

昔时冬至祀天，专为天子之事，故至民国成立，废而未举。今则推报本返始之义，定为通祭，大总统代表国民食福受胙，岂非民国之旷典哉！

惟大总统之亲谒天坛，本在平明之际，乃前门一带自昨夜十一时已禁止人民往来，并将前半夜之夜戏夜市一并禁止。蚩蚩之氓，尚未受福，已不免有先兴嗟怨者矣。

（摘自1914年12月23日《顺天时报》）

《本社启事》

启者：二十三日因大总统谒南郊祭天，前门一带之交通均为警跸遮断，故本社寄往东城之报纸及应由前门外车站寄往各地之报纸均未能按时发送。阅报诸君不免有迟滞之感，特此声明原因，兼鸣歉意。

（摘自1914年12月24日《顺天时报》）

袁世凯的皇帝梦破碎后，1917年，内务总长指示礼俗司："现在祀天典礼业已奉令缓行，天坛地方关系古迹，应赶于阳历新年开放俾人参观"。内务部再次把开放之事提上日程，陆续进行了天坛树木调查，给所有树木挂牌编号，还测绘了天坛全图。1917年清明节，亦是民国政府所定植树节，总统黎元洪亲率各部长官，在天坛斋宫河畔植树，倡导绿化。但时局仍不太平，天坛除了被林场、传染病院占用土地外，还屡被军队占据。最重大的一次劫难发生在1917年7月，军阀张勋借口调解"府院之争"，带"辫子军"进京，逼走大总统黎元洪，并屯兵天坛，企图扶持溥仪复辟。"讨逆军"吴佩孚、冯玉祥、张纪祥部誓师讨伐张勋，围攻天坛。双方在天坛激烈枪战5小时，张勋败走后遁入荷兰使馆，他的残兵缴械投降。这一战使天坛严重遭殃：断瓦残垣举目皆是，大门上布满累累弹痕，古柏老树七零八落。此后，内务部致函外交部，停发外国人参观天坛介绍券，着手收拾这个烂摊子。

袁世凯祭天的古怪仪式（1914年）

◉ 记录：《天坛之战》

天坛方面：各路军队（注：指讨逆军）入城后即会师，先包围先农坛，炮队则在月坛上架炮。四时二十分攻击令下，该军即向天坛内辫匪放枪炮，一时炮声震地，弹如雨下，威力极猛。辫匪初犹死力抵抗，约历二三小时之久，至八时，匪势不支，悬起五色旗乞降。我军停止攻击，惟仍严重监视，以防逃窜。闻天坛之战，我军死伤数十名，而辫匪之损害则未详云。

（摘自1917年7月14日《晨钟报》）

《战后之北京》

张勋

先农坛天坛：过天桥即见先农坛墙上有共和军伸首遥望，隔若干远约有数十人而对峙之。天坛则无一人形影焉，但见墙壁许多枪痕，墙顶之土瓦为之折或穿洞。至天坛大门则更甚，门右之房侧有血迹，想系小商人中弹而死，就埋于此。门左之小偏门，定武军出入焉。大门内支搭帐篷，辫子兵等空手往来，各自为谋，意甚索然，其狼狈情形不可言状。有共和军队持枪挟弹进坛监视，或为探询。亦有游览者，且有西洋人等乘坐汽车，并载照相器具进内照相。惟普通人往观，群围于门外，此去彼来，几无隙地，大有四月二十五日储蓄票开彩之景况，但不能入内耳。门外每一辫兵即围十余人或数十人，听该兵等之言论，大概皆系怨恨张勋之词。曾听一兵言李渊劝将之故事，惟言谈和蔼，迥非昔比，垂头丧气转为可怜，亦足见该兵等之苦衷矣。又有在门外买器具者，曾见一辫兵卖二柳条笸，得铜子十八枚。彼复言要卖锅，想该兵等知必遣散，故预先变卖耳。旋由坛内抬出一新灵柩，后有十余辫兵跟随，向西南过先农坛东北角而去，想系下级军官阵亡者。至于先农坛方面，有多数共和军荷枪守门，无一人前往观看，远望之，无枪痕等事。说者谓辫子兵共和军攻击后并未反击，即为投降，不知确否。

（摘自1917年7月15日《晨钟报》）

天坛内的驻军（民国年间）

几个月后，内务部成立天坛办事处，负责筹备天坛开放事宜。请京师警察厅拨派工役150人协助修缮道路，还将坛内各处风景制成照片供出售。整个筹备花费1960枚银元。

◉ 记录：《开放天坛》

天坛为历朝祀天之所，建筑闳丽，林木幽茂，实为都会胜迹之冠。外人参观向由外交部给予执照，而本国人士罕有游涉。今者内务部特将天坛内重事修葺，平垫马路，以期引人入胜。订于阳历新年一号，将斋宫皇穹宇祈年殿一律开放，任人购票游览。并拍照名胜处所，制成邮片赠送游客。观光之士、考古之儒，行见连骑叠迹于其间矣。

（摘自 1917 年 12 月 30 日 《群强报》）

1918年1月1日，距离1913年首次开放整整5年之后，天坛正式成为公园。从这一天起，所有中外人士皆可于门口购票入园，祈年殿、斋宫、皇穹宇各殿堂均可参观，原外交部所发的介绍券一律作废。门票每张银元3角，另外有仆从入门证每张银元1角，人力车入门证每张银元1角；12岁以下儿童免票。同时，规定开放时

祈年殿前留影（民国年间）

间为8：00～16：00，并颁布游览规则：坛内地方空阔，游人应照路线游行以免绕越；有人幸勿攀折树枝及移毁建筑物品；参观殿宇幸勿吸烟作践；游毕出门以日入为度。

至此，天坛终于实现了从皇家祭坛到公园的功能转化，继社稷坛、先农坛之后，成为又一座开放的坛庙园林。

在其后的30余年间，由于战乱频仍，天坛又经历了重重厄运。军阀混战时期，一拨又一拨的军队在此驻扎，滥砍树木，使殿宇尽成军营。北平沦陷期间，由于日军进驻，天坛曾被迫关闭十个月。恢复开放后，伪政府竟然规定游览票价对“日本友邦军人”实行优惠。1939年底，日军1855部队占据天坛神乐署等处，制造细菌武器，对中国人民犯下滔天罪行。1948年12月平津战役爆发，国民党军队在天坛修筑工事，建造飞机场，砍伐、炸毁了上千株古树。当时宛平县长王冷斋为此叹息：“苍松翠柏势凌云，谁料今朝付斧斤。古木千年遭厄运，比邻父老泪纷纷。”

1949年1月，北平和平解放，天坛劫后重生。1978年以后，管理工作步入正轨，园林面貌逐渐改观。1998年，联合国教科文组织将天坛列入世界遗产名录。今天，天坛有殿宇典雅，圜丘向天，柏林幽深，古乐悠扬，它是一座古朴美丽的大公园，亦是体现北京古都魅力的一张亮丽名片。

◉ 记录：《游坛纪盛》

中华民国二年一月一日为始，前门外天坛先农坛，各开放十日，任人入内游览。前日正值天气晴朗，鄙人又没什么事情，赶紧打扮起来，戴上黑毡帽，穿上白碴儿皮袄，系上香色褡包，换上紫色蝠子履，掏出半包儿铜元，前往两坛之内，游逛一番便了。

说话之间，就来到天坛门首，但见一片黑压压，人山人海，好像千佛头一般，人是直个点儿的往里灌。像在下兄弟我，这样的年纪，也能够挤呀挤呀的，挤将进去，这不是该当逛坛吗！干脆说，又进了二道坛门，斜插柳儿奔东南。斋宫虽不开门，我可知道里面有什么。斋宫殿内，有乾隆御笔四大字，写的是钦若昊天。内设宝座，后有雕刻围屏一架，上有江南景致。游人既不能进内，由此穿廊过桥，往东南再行半里许，缭垣围一青琉璃瓦亭，正名皇穹宇，也是不准进去。往南至圜丘，俗名拜台，阶共三重各九级。上去瞧了一瞧，急忙下来，并没有别的缘故，我怕喝一肚子凉气，醋心！

顺旧路折回来往北，由成贞门至祈年门，上祈年殿，进殿内观瞻。正中一台不便上去，恐怕人多挤死，岂不臭块地乎！往后瞧，皇乾殿也未开门，更不必留恋喽！打道出坛，正走中间，看见两个活笑话儿：有一中年妇人，上梳蘑菇式的头，蓝袄青裙，黄色坤鞋。有人说这是某旧大老的夫人，我倒是半信半疑。又看见一串改良穿坛小轿，却是两个闲等儿，头戴碟子形的黑色帽，穿着黑布大袍，两人搭着一把大椅子。人坐在椅子上，分外地看着显小，在人群以内行走，好像抬着一抬肉嫁妆。二十枚银元，花的不冤！

天坛景致游了个到，怎么来的怎么出去。坛内游人虽多，有一样儿好处：我瞧人家，人家不瞧我。照旧出了天坛，可巧那位中年妇人，已经到了坛门以外，手拿两大串糖葫芦儿。看这妇人如此举动，准知不是旧大老的夫人了。不然怎么说：徒步野游，必非世家呢。

出天坛进先农坛，往西北一望，积雪荒凉。往西南行走，如太岁殿、庆成宫、古物保存所等处，本报四号本京新闻，既然详细登过（点景对联均已登载），演说也就不必赘述了。惟先农坛地基，周约六里，比天坛地方小至少半。天坛周阔九里零十三步，系明永乐十八年建筑。先农本名山川坛，相传建自金朝，至明初始祀太岁。嘉靖九年乃设风云雷雨神牌，又有岳镇海渎、城隍人鬼诸神。后来分坛致祭，前清时代亦未改革。太岁殿东，永乐年间建设旗纛庙，内供旗纛枪炮，战船弓弩各神。直到民国二年一月，这一开放，把极荒凉的坛地，变成无限繁华。这几天游人日盛，不止北京一方面，连天津保定通州之人，来逛的也不在少数。就以这几天说，若说中华民国不兴旺，这话谁信哪？兴旺可是兴旺，也要瞧瞧目下的谷花儿如何，就这么逛将下去，毫无生计上的研究，盼到民国往后多少年，不怕饿的打着晃儿逛，也不能含糊。再逛的时候儿，可留神挤碎了沙锅。

（摘自1913年1月13日《正宗爱国报》）

《张荫梧派员详查天坛古柏斫伐真相》

斫伐之锯痕陈旧似为日已久，墙豁偏在一隅恐系奸人盗卖。现正密查以期水落石出。

日前报载天坛柏树被斫千株，并有拆毁墙屋之事。北平警备司令张荫梧，对于此事颇注意，特派该部交际处长王子江、主任参谋冀逢霖，会同第三十八师参谋王梦魁、二百二十五团团长李俊功、坛庙管理处天坛办事处事务员王际森等，前往详细调查天坛树木斫伐及墙垣拆毁真相。王子江等昨有报告一切经过详情，兹觅志如左：

（中略）

（一）内坛墙西南角外西墙头上之杠木椽拆毁，长约四十五步。据王事务员称，系于十日前发现者；

（二）内坛外面西南角一带，林业试验场所植之树木，约千余株，自秋冬以来，陆续斫伐，用大车运出，经过坛门，均有记载；

（三）坛内西南角一带之柏树，斫伐者约三四十株。据王事务员称，多系奉军十

泰戈尔访华时与中国文学界人士合影（中坐长须者为泰戈尔，左手坐者为胡适，右立者为林徽因，后排戴黑帽者为徐志摩）

1924年4月23日，获诺贝尔文学奖的印度诗人泰戈尔应梁启超与林长民之邀来华访问，文学界在天坛草坪上举行欢迎会。由中国著名诗人徐志摩担任翻译，负责接待工作的才女林徽因搀扶泰翁登台演说。仪式结束后泰戈尔游览了天坛。当时有媒体这样报道说：“林小姐人艳如花，和老人扶臂而行，加上长袍白面，郊寒岛瘦的徐志摩，犹如苍松竹梅的一幅三友图。”

七团所斫伐，其余新碴者不知被何人斫去。据查所有之痕迹，俱系用最锐利之钢锯所锯，查锯痕陈旧，总在数月以前所斫伐者；

（四）外坛西南角一带，墙垣大部坍毁，并有小路四五条可通永定门，似年代甚久，但豁口现已堵塞。

（五）天坛之二门仅有坛庙管理处之售票所，并无士兵守卫。

总集以上调查，天坛之管理权，坛庙古树属于内务部之坛庙管理处，新培植之树木属于农矿部之农林试验场，管理事权不能统一。坛内还有中央防疫处，及由坛庙管理处所招租之农民，并历经各部军队驻扎。居住之部分既杂，则拆毁之咎不能由军队负责。按之拆毁之墙垣，常系年久坍毁，瓦椽自行坠落，无足诧异。其斫伐之柏树，锯痕陈旧，似为日已久，且墙垣豁口甚多，并偏一隅，恐系奸人盗卖，亦不能认军队所为。

（中略）

闻张荫梧接到报告后，正在密查，以期水落石出。一面为保护古物起见，严令不得再有此事发生云。

（摘自1929年1月15日《益世报》）

第六章 北海公园开放记

风光秀丽的北海，如同一颗晶莹的明珠镶嵌在北京城中心，多少年来给中外游客以美的享受。这座“世界上建园最早的皇城御苑”肇建于金代大定六年（1166），时称“太宁宫”，是皇帝游幸避暑的离宫，位于金中都东北郊湖泊地区，是在辽代初创的基础上兴建的。历经金、元、明、清四个朝代，已承载了800来年的悠久历史。进入民国后，北海同样经历了由皇家御苑向公园、由封闭到开放的转变过程。而特别的是，这个过程长达十年，开放计划数次因时局骤变而被延宕，最终在1925年8月1日正式开放。纵观之，这个波折连连的过程最能反映那个动荡的时代，而皇家禁地开放为公园，又毕竟是时代大势所趋，纵然百转千回，也终究要实现的。

一、五次提议、十年始成

民国二年（1913）三月三日，退了位的清朝皇室将西苑三海移交给袁世凯政府。接着，袁世凯将他的总统府迁入中南海，北海由于地段上稍嫌偏远，就由总统府的护卫部队“拱卫军”进驻。自此，北海的房舍、生产收入等都归驻军支配，“水产所入，略充公府之用，殆视为公府所有焉。”偌大的北海几乎成了总统府的私产。据《北海公园景物略》记，北海驻军“先为拱卫军，毅军继之，后则公府各卫队，而拱卫军改编之消防队，始终驻守”。

乾隆御笔 · 琼岛春阴

艮岳移来石岌峨，千秋遗迹感怀多。倚岩松翠龙鳞蔚，人牖篁新凤尾娑。乐志讵（注：岂，难道）因逢胜赏，悦心端为得佳禾。当春最是耕犁急，每较阴晴发浩歌。

后来的几年间，有时政府为了筹款救急，也会下令将北海临时开放三五天，举办游园会、游艺会、水灾赈济会等等。但既然是为了筹款，能涉足园中的一定是出手阔绰的上层人士，平民百姓仍然是无缘一观，仅能远远听个热闹罢了。

◉ **记录：《北平之恋》（节选）**

北海是美丽的、醉人的，虽然经过几百年来的若干变化，她仍然丝毫无恙。极乐世界的佛像，还是那么端端正正地立在小西天，一个也没有损坏；九龙壁前站着那么多的游人在欣赏那精美的艺术；由漪澜堂过海到五龙亭去的游客，还是那么拥挤，忙得那些舟子们透不过气来；白塔更修理得壮丽了，粉刷得像琉璃世界；儿童体育场里充满了孩子们的笑声，也有不少的成人坐在旁边的椅子上，微笑地望着孩子，他们有的在追寻自己失去的童年，有的在分享孩子们的快乐。

（摘自谢冰莹《北平之恋》，1947 年）

《北海游览》

七号女子敦谊会，发起游览北海（原定上星期日，因阴雨改期）。多数人对于北海之游，久殷向往，故中外士女，到者甚众。自上午十钟，至天色向晚，络绎不绝（先期由敦谊会分送游览券）。该处风景如画，洵不愧为首善名胜之区。其中若亭宇之壮丽，山径之曲折，湖水之沦漪，树木之葱郁，随在皆可以引人入胜，大有应接不暇之势。游人或登高以望远，或泛舟于湖中，流连景物几不忍去。盖是处较诸万牲园，更饶胜概。一日游观，尚不足尽兴也。敦谊会于午后，在碧照楼下游廊内，将上月二十四号售出之白色临时彩票号数开彩。计票一千张，有彩者二百张云。

（摘自1914年6月9日《群强报》）

民国五年（1916）七月，内务总长许世英首倡开放北海为公园，在国务会议上提出《开放北海公园议案》，文中写道：

查京师往日名胜地点，或僻在郊原，或囿于寺观，公共游览，诸有未宜。中央公园，最为适中，然亦嫌其过狭。其他如新辟之先农坛，又偏于城西南。北城地方，尚付阙如，不足以示普及。且以都下户廛之密，人口之多，仅此两处公园，仍无以适应市民需要。

我们可以看出当年的社会现实状况：相对于北京庞大的人口来说，公园建设是远远滞后，供不应求的，故政府中的有识之士把建设公园当作紧要事务。这项提议很顺利就通过了，由内务部知照京都市政公所，拨出经费二万元，并派司长祝书元任董理，与北海驻军交涉接收事宜。可没过多久，“时局倏变”，第一次提议悄无声息地流产了。

许世英

民国六年（1917）二月至十月，京都市政公所督办张志潭、蒲殿俊又先后奔走于内务部，敦促开放北海公园的事，仍然遭遇重重困难。由于驻军阻挠，政局动荡不安，第二次努力失败。

民国八年（1919）春，北海北岸阐福寺内大佛殿被驻军烧毁，致使一处重要古迹不复存在。市政公所处长吴承湜担忧长此以往，其他的古迹都难逃被毁的厄运，于是请示督办钱能训，欲以开放之举来保护北海。他的呈文条分缕析，列举了应从速开放的五条理由：

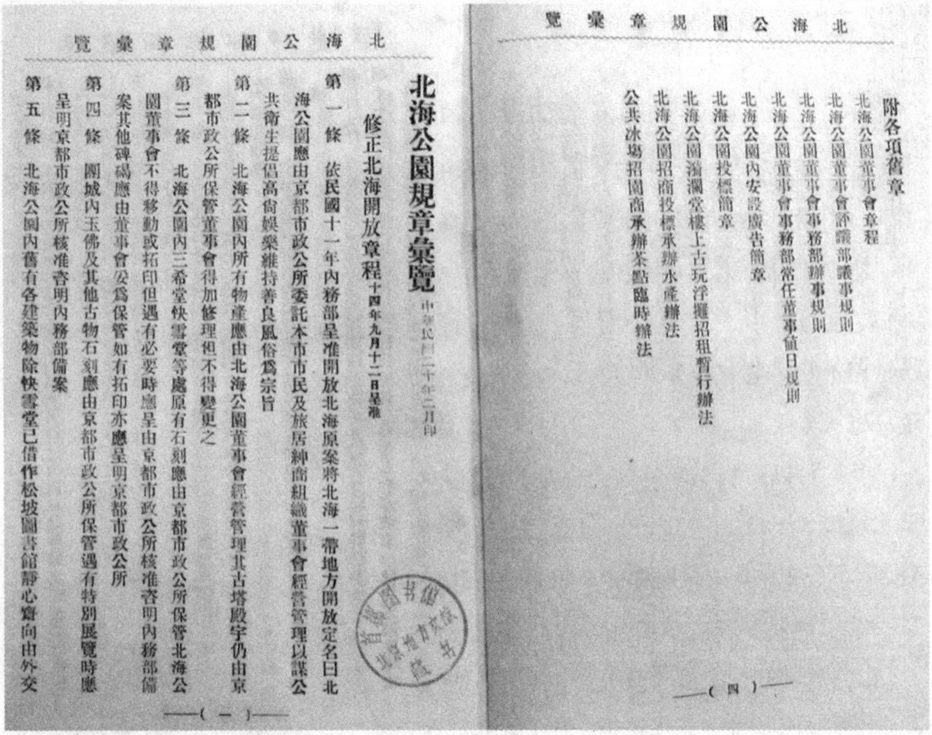
北海公園規章彙覽

北海公園規章彙覽 中華民國二十年二月印

修正北海開放章程 十四年九月十二日呈准

第一條 依民國十一年內務部呈准開放北海原案將北海一帶地方開放定名曰北海公園應由京都市政公所委託本市市民及旅居紳商組織董事會經營管理以謀公共衛生提倡高尚娛樂維持善良風俗爲宗旨

第二條 北海公園內所有物產應由北海公園董事會經營管理其古塔殿宇仍由京都市政公所保管董事會得加修理但不得變更之

第三條 北海公園內三希堂快雪堂等處原有石刻應由京都市政公所保管北海公園董事會不得移動或拓印但遇有必要時應呈由京都市政公所核准咨明內務部備案其他碑碣應由董事會妥爲保管如有拓印亦應呈明京都市政公所

第四條 園城內玉佛及其他古物石刻應由京都市政公所保管遇有特別展覽時應呈明京都市政公所核准咨明內務部備案

第五條 北海公園內舊有各建築物除快雪堂已借作松坡圖書館靜心齋向由外交

—（一）—

北海公園規章彙覽

附各項舊章

北海公園董事會章程

北海公園董事會評議部議事規則

北海公園董事會事務部辦事規則

北海公園董事會事務部常任董事值日規則

北海公園內安設廣告簡章

北海公園投標簡章

北海公園漪瀾堂樓上古玩浮攤招租暫行辦法

北海公園招商投標承辦水產辦法

公共冰場招園商承辦茶點臨時辦法

—（四）—

《北海公园规章汇览》书影（1931 年）

1. 从时机上讲，大总统已迁居它处，目前北海的安全防卫问题已不紧要。

2. 从事实上讲，大佛楼遭焚，究其根本原因是没有正当的保管机关。如果仍因循不问，未来损失当有甚于今。

3. 从经济上讲，北海公园原定开办费二万元，尚未动用。可利用这笔款子先行经营，并渐筹款项，推广完备。

4. 从区域上看，北京的公共游览场所极度缺乏，中央公园和城南公园不敷使用，北城尚无公园。

5. 再说社会效益：公园性质有利无害，道德健康均惟彼是赖。都市多一公园则社会多增一分健康，市民多养一分道德。

这真是一份说服力极强的提案，把以开放促保护、促发展、促教育的好处表述得再充分不过。钱能训深以为是，遂派吴承湜、华世杞、白锡斌等与总统府庶务司协商。但协商了几个月没有结果，搞得当事人信心大减，此事又被搁下了。

又过了三年，即民国十一年(1922)六月，大总统黎元洪重来京师，内务总长张国淦瞅准机会，呈请总统下令开放北海，其文辞甚为华美：

北海的游船（民国年间）

今我大总统莅任伊始，特谕开放，与民同乐，薄海胪欢，甚盛事也。查京师为首善名区，万方辐辏，既属崇闳之都会，应有高尚之游观。惟兹三海公开，实洽兆民私望。紫光阁上，褒鄂之毛发如生；阅古楼中，羲献之文章宛在。从此谈瀛海客，得共睹我邦兴建之规；入洛士夫，亦藉寻历代经营之绪。拟即由本部陆续接收，厘定开放规章，呈候钧览，以副我大总统发展都市嘉惠士民之至意。

北海公园的游人（民国年间）

这样一番得体的“吹捧”，自然得到黎大总统的欢心。六月二十四日，黎元洪批准呈请，命内务部成员曾维藩等二十多人组成开放三海委员会。九月，内务部计划北海公园于民国十二年(1923)六月一日正式开放，且经过委员会的努力，北海消防队迁出一事也大有眉目。

也许是得力于大总统亲自下令，这一次筹备开放取得前所未有的进展。但好景不长，1923年6月，直系军阀曹锟“逼宫”，把黎元洪赶出北京，随即用贿选手段当上了大总统。北海又进驻了一大拨军队，在枪杆子面前，谁还敢再提公园开放的事！1924年1月，开放委员会闭会，筹办了一年多的开放之事“悉归泡影，功败垂成”，令人叹息！要知道在那个时代，“时局骤变”已是家常便饭，连大总统的位置上都是乱哄哄你方唱罢我登场，一个公园的开放与否，又算是什么紧要之事呢！

到了民国十四年（1925）六月，提议北海开放的声音再次响起，这次的主角是内务总长龚心湛。他仿照1914年开放的中央公园先例，制定《北海公园开放章程》，经临时执政段祺瑞批准，交由京都市政公所办理。当时由公所督办吴炳湘主持筹备开放，后因吴调职离京，就由继任督办朱深接手，成立了“北海公园筹办处”，先前几次参与过提议和筹办的吴承湜、祝书元、曾维藩等人也在其中。筹办处于六月十三日正式接收北海，令园内的消防队移驻苑外，京师警察厅派警入苑看守。市政公所垫支开办费五千元，经过一个多月繁忙的筹备，终于在1925年8月1日宣告北海公园正式开放，售票游览。“从兹北海名区，正式定为公园矣！供我民众之娱乐非复一人之苑囿矣！”

从1916年许世英的第一次提议到1925年实现开放，北海作为“公园”出现已让民众期盼了十年，中间种种波折难以计数。尽管经历了一次次失败，但追求先进文明的思想却一次次地累积下来，终于深入人心。当民众对美好生活环境和文明娱乐的需求愈发迫切，公园的出现和增多就成为势在必行。

五次提议开放北海经过简表

次序	提议时间	提议人	举措	结果
第一次	民国五年(1916)7月	内务总长许世英	在国务会议上提出《开放北海公署议	提议通过，京都市政公所拨出经费二万元，但未实施。
第二次	民国六年(1917)2月至10月	京都市政公所督办张志潭、蒲殿俊	案》奔走于内务部，敦促开放	由于驻军阻挠，政局动荡，又遭失败。钱能训派人与总统府庶务司
第三次	民国八年(1919)春	市政公所处长吴承湜	请示督办钱能训，欲以开放之举来保	协商，但几个月没有结果。黎元洪命内务总组成开放三
第四次	民国十一年(1922)六月	内务总长张国淦	护北海古迹 呈请总统黎元洪下令开放北海	海委员会。一年后曹锟贿选当上大总统，北海又被军队驻扎，开放之事功败垂成。
第五次	民国十四年(1925)6月	内务总长龚心湛	制定《北海公园开放章程》，经临时执政段祺瑞批准，成立北海筹备处。	6月13日正式接收北海，京都市政公所垫支开办费5000元，并修整道路，安装路灯，拟订浏览规则、售票收款办法等。

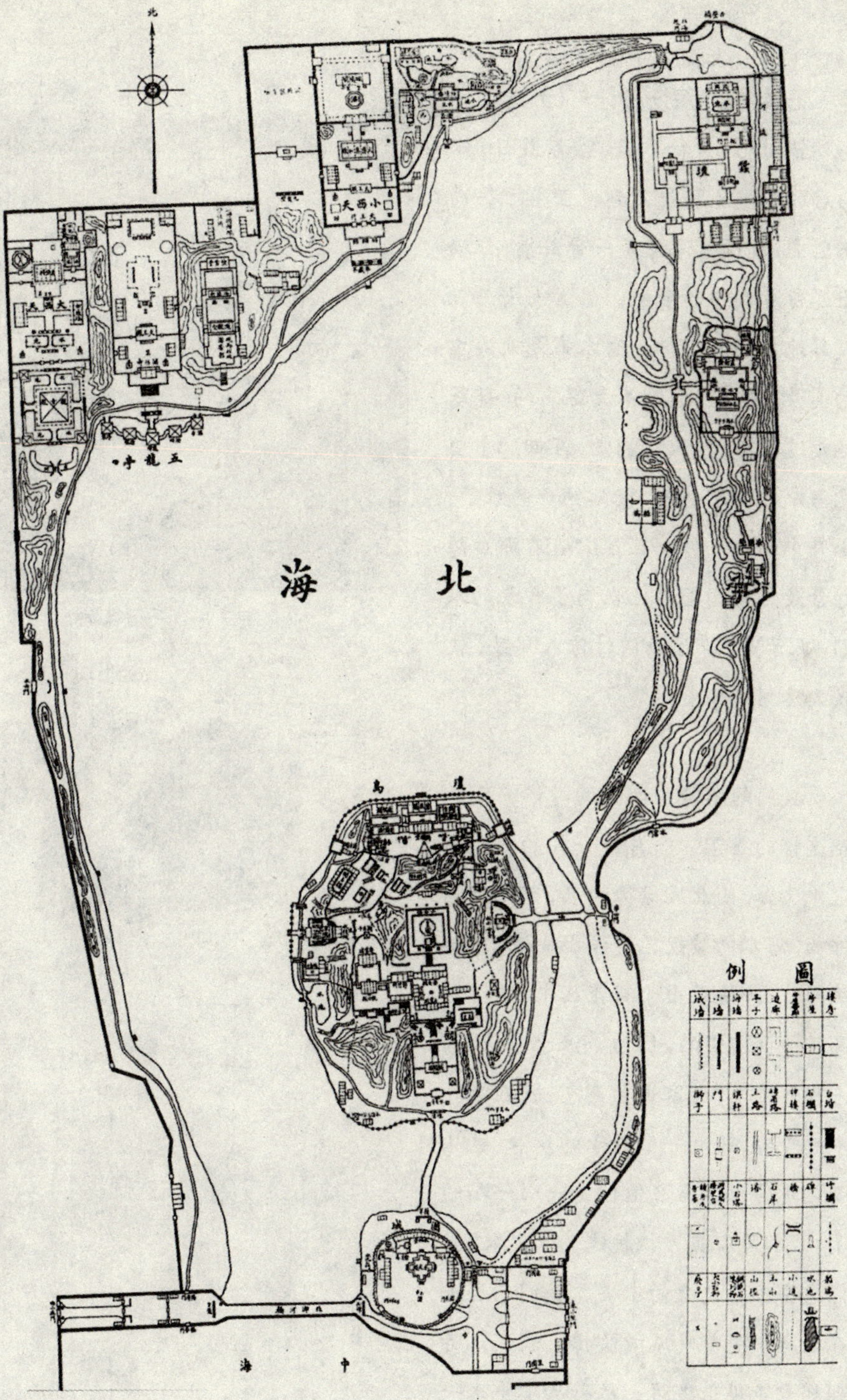

中华民国十四年十一月北海公园事务所制

北海公园全图（1925年）

◉ 记录:《北海泛舟记》(节选)

转向北，古松参天，浓荫蔽日，小山后的阳光已经射不到地面上了。向东望去，隔过河池便是一带红墙，红墙上还留着残阳的余影，男男女女三五成群地在林间徘徊。这本来是北海中的美景，然而我们是不大留意的。默默地走过琼岛，转入漪澜堂，在回廊中望见海中的红色小舟，望见钓鱼的短竿。小舟中的少年男女正在沉迷着那自然的景致。漪澜堂前已坐满了赏景的人们，瓜子声、碟子声同时传入耳鼓，使我又感到幽静中的繁华。

……

我们的船转向南去的时候，天色是这样的苍茫，一片连一片的白云在空中飞奔。西北风徐徐吹来，荷花飕飕作响，海水的皱纹已变成小波浪了。忽然间，一阵清歌出于荷花丛中，这清歌是一个少女唱的，因为声浪十分清脆。东阳停了桨，大家止了声息，就在海的中央听着。还有一个男子的声浪，也从荷丛中传出，当然他们是一唱一和的了。我们没有勇力抵抗这艺术之歌，我们忘去正在北海的中央，我们忘去正在北海中受着晚风的吹拂。我们正听到那歌声停止之后，从荷丛中出来一个小船，船上坐着一个青春的男子和

北海泛舟（民国年间）

女学生在北海白塔上的合影（20世纪30年代）

一个妙龄的女郎，他们是毫不奇异的打着桨儿去了。他们只在为他们的爱情沉醉，好似我们没有在他们的身旁。

（摘自《旅行杂志》2卷秋季号，1928年9月）

二、旧报寻踪：从筹备到开放

在已变脆发黄的老报纸中，我们找到了有关北海公园筹备开放的一系列报道。1925年7~8月间，北京《益世报》详细披露了北海的接收和改建过程，特别是驻军撤出、古迹整理、招商营业和安全保卫等事项。而对开放当日情景仅是一笔带过："是日虽然微雨，而各界游人，尚称踊跃。"可以看出，这些内容是主事者主动向报社提供的，政府做出了积极的姿态，希望借报章宣传的优势，使公众关注和监督此事，北海开放遂成为一时热点。80多年后的今天，报章新闻已成为史料，我们按时间顺序摘选这些报道，希望再现北海公园诞生的一段历史。

◉ 记录：《开放北海 票价一角》

贫儿工读团于旧历五月二十八九两日，开放北海仿市场庙会式，并有游船及该团中西音乐助兴，组织游园会以资筹款，教养贫儿。闻票价每券只售一角云。

（摘自1925年7月7日《益世报》）

《北海实行改设公园——府卫队消防队一并移出，八月五日一准开放》

北海开放久有改为公园之说，其中困难颇多，致迄今并未实现。兹得确实消息，刻下北海已完全归内务部辖管，前日业经实行接收。内务总长龚心湛，现已据情呈明段执政，拟将北海一部分，决计改为公园，实行开放售票，任人观览，当奉谕令照准改设。目下海内常川驻守之执政府卫队旅长兵等二排，共长兵五十六名，定于本月十四日（明日）一并移出，调回东三座门福华门该卫队旅二营本部。其海内小白塔山上有旧设之公府消防队长兵二百五十名，原系专设机关，现在亦定于同日午后三点实行迁出海外，驻守桑园，仍担负旧日责任。现在均各收拾行囊等物，预备迁出。至该海完全由内务部另派警察驻守管理，其海内旧有之各色人等，均已预备搬出，另觅地址住宿。本月十四号，即可完全腾清。兹闻内务部所定改为公园之一切计划，业已订定规章，如改建修饰、栽种花草、陈设旧石、布景招租小商等事，现正着手积极进行。闻由十九日起，即可动手改设一切。至小商报名认领地段，须在本月二十五六日前去接洽。现闻龚内长已令以上各事限期六月二十六日一并组织齐备，决定阳历八月五日实行开放售卖入门券，任人参观云。

（摘自1925年7月13日《益世报》）

《内部接收北海之经过 工人刻正加工修饰》

北海将由内部实行改为公园一节，已志前报，兹经调查，海内执政府卫队，现已移出。其消防队曾定于前天迁出，因故尚未移出，暂由消防队长张连城代管北海内一切事务。而内务部龚总长于十五日下午一时，特派科员黄木实，带领长警前往实行接收。当有公府消防队长张连城，并执政府指挥处等将北海内之海岸迤东状元府、分凉阁、福兰堂、二友堂、玉明楼、书府、琴堂、静心斋、小有天、半亩园、小花园、桑坛，海岸西极乐世界、百花园、草园、德玉楼，海岸南庆云楼、光明殿、四盛园、罗锅桥、菱池，海岸北大西天、小西天、快雪堂、蔡松坡图书馆、倚阑堂、蚕坛、船坞、大红阁、玉石楼、御花园、棋室、二龙洞、御船休息处、露水山、圣光殿、小白塔、正海殿、千眼佛、铜楼，共一百二十五处，一并注册，交待清楚。当时按处各派警士二名，轮流守望。其余尚有二十多处，逐一封锁，查验已毕，派警荷枪站立门岗，不准闲人出入。而消防队定于后天（十八日）再行移出海外。又闻北海内各处，内务部已派工人修饰，克期竣工。一面令电灯电话两局，饬派工人竭力装设，以备即行开放云。

（摘自1925年7月17日《益世报》）

《北海公园筹备之情形》

北海业决计改为公园，其筹备情形，已略志本报。闻内务部龚心湛现已派员在该海内设立筹办处，订定招商营业章程，招商贩认租领地。凡文品商摊、照像馆、大茶楼、球房、饭店，均在招募之列。惟该海之北，除去大小西天、极乐世界外，另有静心斋一处，原系有清乾隆皇帝读书之处，改建中华民国后，袁世凯之八公子袁克琴亦在该斋念书。院内真山活水，楼台殿阁，景致新颖。外有九块铜板，名为九音板，又名云板，敲之有声，远闻数里，为世罕有之奇品。又有高楼一座，约有数丈，北望什刹海，南望永定门城楼，楼底下尚有流通活水（系什刹海流入北海），昼

松坡图书馆

为纪念护国运动中的著名将领蔡锷（字松坡），1923年，在梁启超倡议下，经北洋政府批准，将北海澄观堂拨作松坡图书馆，1925年正式对外开放。

团城俯瞰（民国年间）

夜水声不息。楼上陈列古物，清雅已极，实一纳凉之处。又该静心斋西隔壁，有快雪堂一处，内中陈设甚多，四面墙壁，砌石板法帖共二十三块，全为名人之真迹。更有楠木大殿一座，白玉山石一座，好似天生一般。该海之南面小白塔山下西北犄角分凉阁前路南有阅古楼一处，楼似月牙形，共三面，上下二十四间，墙壁上镶有三希堂法帖石板，共四百九十五块，皆系历代名人墨迹。乾隆令匠人在每块石板上四周加刻花边，以资美观。民国以来，迭有揭帖工人，在彼捶帖。一般政界要人，无不各藏一部，以为奇品。该楼内有古槐二株，盘龙转角梯一架，新奇特别。闻该海筹办以静心斋、快雪堂、阅古楼等三处古迹应保存，不可伤损，略加限制，俟北海开放时，如有参观以上三处者，须另行购票，方可入内。现在打算将此三处大加修葺，刻正觅彩画匠工人，从速粉饰，早日竣工。将来随同一齐开放，并在楼中缀以电灯，现下积极布置一切云。

（摘自1925年7月21日《益世报》）

《北海公园装修续讯》

北海公园开办在即，内部龚总长昨日派遣科长查本厚，赴北海监工修理。计由承光左门至五孔桥之土路，均已改修石路。由五孔桥以北往东直达蚕桑门之大桥，亦改成马路。其琼岛春阴迤北，原有小桥一座，多年失修，现修成平式桥梁。又由该处（北海东岸）往北，经过船坞蚕桑园（系皇后绩纺之处，尚有四丈余长黄色纺机一架）至北岸，有小桥三座，业经改修。其北岸东头有大桥一座，桥孔通过皇城根西压桥，所有南北中三海之水，均由此处放入，其小白塔南面永安寺宫殿房四十余间，殿内之铜佛像，一并移出，将该殿房重加修整，改为西餐饭店。该永安宫之后面，有砖砌石阶计八十一层，直达白塔前面之古铜亭。将来开办时，拟将此项台阶一律堵截，以防止危险。铜亭高约三丈，为公府消防队之岸望台，亭之四面均有四尺余高玉石栏杆，左右各有十八级长阶，该亭之建筑，均以古铜为之，东西北三面上，砌以琉璃砖，中嵌瓷质菩萨圣像，约千余尊。亭之正面隔扇门框上下门槛，均系铜质。亭之当中，供奉一尊怪像，猪嘴獠牙，赤脚蓬头，三首十六臂，亦系铜质。该厅设有岗警，指挥游人，以防危险。塔之正北，为远帆阁、清凉亭，远望全海之景致，一览无余。阁为月牙半圆形，宽约半华里，阁后有戏楼，为慈禧观剧之所，现已修理完整，将来设置电影场及戏场杂耍场。塔之正西为状元府，系坐东朝西。府内东南北楼下墙壁，有历代名人之墨迹，王羲之、柳公权、董其昌、黄思永等均在其内。以玉石雕刻阴文，各有号码，共一千块，均已见新，以备游人玩赏云。

（摘自：1925年7月24日《益世报》）

《北海公园筹备将完竣》

北海公园决定于八月一日开放各节，迭志本报。兹闻该园布置，大体业已完竣，尚有数处因连日大雨，暂停工作，俟天晴即赶速查修。现经调查，海内之点缀，如小白塔山前之漪澜堂（共房六十三间），内设祥记饭店，附设大茶社各一处。山之东旁空敞地方，有露天电影场，翠雅球房；山之西罗锅桥旁有玉山照相馆一处；山之后分凉阁，上下楼房共一百四十六间，完全设立茶楼。其余状元府内有饭店一处，蚕坛内有茶楼一处，五龙亭每亭内各有茶社一处，又可饮茗，又观海景。其北面静心斋，不设营业。快雪堂蔡松坡图书馆亦不准设立营业。大西天内有球房一处，小西天内有大茶社一处，极乐世界土山上有茶楼一处，此外海岸沿道两旁均可摆设古玩字画各浮摊。闻该处完全由警察厅派警弹压。昨日朱深特派拨中一区长警六十名、中二区长警六十名，又厅派保安队二十名前往海内照料。二十五日上午八时，所有派警均入海驻守于承光门内。沿路线四周各冲要处，各派长警二名。惟白塔山上四围，共设岗位二十处。白塔山上有石洞一处，约长四十八英尺，洞中异常黑暗，洞内中间有水井一眼，井上无盖，凡久居海内之人，无不知之。现为预防危险起见，除安装电灯外，并设岗警二名。驻守者外，另派便衣六名，专查游人男女，以防发生意外。并饬长警在各处照管一切陈设古物等。现在诸事筹备已毕，闻该海筹办处定于开放前

远帆楼（民国年间）

一日，邀请京师各团体各界及北京新闻记者等入内参观游览云。

（摘自：1925年7月27日《益世报》）

《北海公园工程告竣，八月一日开幕》

北海公园筹备处，奉内务部龚总长部饬。北海大白塔东西北三面之山石洞，共十二股地道，其东南角之石洞门，有乾隆所作七言绝句诗一首，刻成阴文，应注意保存。其他各石洞之地道，随湾就圆，极为坑坎。石洞以内不透日光，应在洞内装置六十烛电灯四十盏，并将地道平垫。其正中之石洞，系上下波形，深不见底，内中漆黑如墨，其凉澈骨，直通白塔之上层。将来开幕之时，该石洞应禁止游人入览。其土山上白塔之正北，有五虎神大殿五间，将偶像移出，改为茶社。又塔之西北角半山中，有汉白玉石柱，雕以盘龙。该石柱高约两丈，柱之上端有一铜人，汉朝衣冠，高五尺，向北而立，双手高举托一铜盘，名曰承露盘。相传此盘系汉武帝遗留，至明朝永乐五年，始由长安移至该处。该处现已设岗看守，其铜人之下四周，均有玉石栏杆，修理见新。所有北海大规模之工程，业经告竣，其各项零星工作，正在加工赶修云。

（摘自1925年7月31日《益世报》）

《北海商人须带门证内部加派稽查》

北海公园行将开幕，惟因近日大雨，工作停顿。昨日龚心湛令知北海筹办处，将来开办公园，除开放承光左门、承光右门、桑园门，及西海岸之阳泽门、东海岸之蚕坛门，并北面新辟之海门外，其西北角尚有水西门、直通养蜂夹道之秦良巷，将来亦须开放。并饬筹办处对于各商承租海内之房屋地段开设营业者，宜取具切实铺保。其各商人所雇用之伙计夫役人等，亦应妥觅相当保人，再由筹办处备办腰牌门证标识，上有火印，发给在内营业之商人，以免不肖之人乘间混入。此外由警察厅饬派稽查员十人，分班稽查，并饬侦缉五六各队，派拨探长二人，探兵四十名，分驻于北海阳泽门内及永安寺前，并由西北角九龙碑等处，以侦察不肖匪人云。

（摘自1925年7月29日《益世报》）

《北海公园昨日开幕》

北海公园筹办处管理员董玉麐、祝枝楼，日前已将海中筹备完毕情形，详细报告警察厅。总监朱深即于一日上午十点钟，带同总务处长秘书科长等，亲赴北海公

五龙亭（民国年间）

金鳌玉蝀桥（民国年间）

远眺金鳌玉蝀桥（民国年间）

园承光门内小白塔山上西旁庆霄楼内举行开幕礼。事前函邀各团体各界及北京新闻记者，到海参观。开幕礼毕，来宾游览海内景致。午后二点游毕，大家随便散去。

(摘自1925年8月2日《益世报》)

《北海开幕后之第一日》

北海公园于本月一日开始售票，一般游人均欲前往一开眼界。是日虽然微雨，而各界游人，尚称踊跃。海门以内，备有人力车随便雇用，定价极廉。土山左右之小马路，亦甚平坦。各处之景致，以及殿阁楼房，焕然一新。土山东西之山路，原系黄土铺垫，其山后多系青石砌成之台阶，其东岸及北岸之茶社球房各项营业，设备亦极周到。其静心斋内之景致，实为北海之冠。正门内有十八间高阁，横匾为画峰，笔力雄劲，为清德宗之遗笔。阁后有敞厅六间，立于水中，两旁均有小桥通过。正西有太湖山石，高约丈许，各有石洞可以穿行。山下有大竹笼，宽窄高矮约有一丈五尺。门有横匾为栖鹤，乃慈禧太后豢鹤之所。正北有高楼十二间，均系画栋雕梁。楼之两旁，有楼梯形之长廊，由该处往西为小西天万佛楼，楼为野火焚去，望之一遍荒凉。现闻内务部尚拟设置游船，备人乘坐，现已妥觅船夫，加工赶造云。

(摘自1925年8月3日《益世报》)

《北海公园之新设备》

北海公园开办以来，每日售出门券日见增多。刻该园筹备处管理员董翔周，为助人游兴，拟在该园蚕桑门内或小西天万佛楼，添设电影场。并购得新式望远镜数架，置于静心斋及小白塔前之铜亭，供游人远眺。其前后并东面各海岸之小马路，

又加宽四尺，俾可通行汽车马车。塔后之远帆阁戏楼，重新点缀，特聘梨园界男女名角演唱戏剧。其永安宫前左右各有碑亭一座，石碑二统，碑文为乾隆遗笔。亭后有昆仑石，高七尺余，阴刻“昆仑”二字。此外如琼岛春阴状元府之名人墨迹，均禁止游人捶帖，以免损毁。现已饬知驻守之巡官长警，加设岗位，以资保存。其海岸四周应置之木栏，业已装设齐备，并禁止垂钓，以防危险云。

(摘自1925年8月19日《益世报》)

三、河灯和冰嬉

北海自打兴建时起，几百年来一直是皇家游幸及居住之地。波光粼粼的湖面，青翠的琼岛，挺拔的白塔，使这座园林兼具山水之美，如同“海上仙山”。最能体现古都风情的，当数中元节的放河灯和冬日里的冰嬉。

1、中元河灯

燃放河灯的历史很悠久。最早只是僧寺、道观举行“盂兰盆会”，以之追悼亡人，以后成为民间习俗，明朝时在北京地区即已盛行，清代沿袭了这一活动。

盂兰会（摘自《唐土名胜图会》）

据《宸垣识略》记载，每年中元节，自七月十三日至十五日在太液池放河灯，皇太后及皇帝嫔妃们都来观看。几千名小内监手持荷叶，中间点上蜡烛，青碧熠熠，罗列两岸。又用琉璃做几千盏荷花灯，随波漂荡，中流驾龙舟，奏梵乐，作禅诵，自瀛台南过金鳌玉蝀桥，绕万岁山至五龙亭返回。

北海盂兰会（20世纪30～40年代）

女孩放河灯（20世纪30年代）

北海放河灯（民国时期）

民国之后，放河灯这项活动并不因改朝换代而终止，每到中元，仍然在北海宽阔的水面上举行。大概因为它已深入民众心理，既是对亡灵的纪念，又是热闹有趣的群众娱乐活动。

据北京档案馆中资料记载：1946年和1948年中元节，菩提学会两次在永安寺发起喇嘛僧众诵经，超度抗战阵亡将士，并且施放河灯，市民观看踊跃。

◉ **记录：**

那天北海烧法船、放河灯也是如此，在水中心早用架子放好一条纸糊的大法船，就是用彩纸糊成一条一丈多长的船，上面有彩纸楼阁、人物、禽兽等，都象征佛教故事。另有一条大游船泊在旁边，一群和尚在上面持法器诵经作法事。在水面上荷花丛中漂着许多小灯，我们坐在上面，望着黑黝黝的水面上，飘着许多闪着微光的小灯，像繁星一样，十分好玩。和尚敲动法器，诵经的声音，借着水音，远远传来，颇有虚无缥缈之感，在这琼华岛的最高处看河灯，听和尚敲法器的音乐，真如身临蓬莱仙境，等到烧法船时，水面上一片火光，反倒索然无味了。

《北海之河灯》

前日（二日）北京公园开放河灯。是日下午六时起，游人络绎不绝，电车游人满车无容足地，因此无法买票，遑论查票。至公园后门，大众一拥而入，检票者亦拦阻不住，以致无票入园者极多。嗣稍清净，始照旧收票，真有幸与不幸。入园后男女如蚁，倚阑堂后有纸制盂兰大会目莲僧救母模型形像，甚为可观。倚阑堂饭店茶社座满无隙。男女游行，肩摩踵接。在此稠人之中，竟有匪徒手持摔炮惊人，甚是可恨。北海内有本园预备木托莲花灯及纸制木托甲鱼鸭子，挨次放入河内。尚派人乘船持烛在水内，原有荷叶上扦蜡。各处河岸悬有纸花灯十数个，一时万点灯光，红绿映照，煞是好看。游船大小共六只，由倚阑堂至松坡图书馆，每人一角，乘者争先拥挤。大船恒载人四百有奇，小船亦载十余人，船身过重入水甚深，左摇右摆甚为危险。有某君购票乘船，合兴游船公司人云“俟下次船”，某君不悦，彼此口角揪打，两方面同人亦加入战团，旋调和。又李太太者，因在河边俟船，坠入金戒指一枚。又林小姐挤失右足高跟鞋一只。外国妇女游者甚多。至夜一时，尚未散尽，极一时之盛云。

（摘自 1925 年 9 月 4 日《社会日报》）

2、欢乐冰嬉

“冰嬉”是满清统治者所提倡的“国俗”。据清乾隆《内阁起居注》记载：每年旧历十二月初八日，都要在西苑三海举行“冰嬉大阅”。清朝高士奇的《金鳌退食笔记》记述：“（太液池）冰上作掷球之戏，每队数十人，各有统领，分伍而立，以皮作球，掷于空中，俟其将坠，群起而争之，以得者为胜。或此队之人将得，则彼队之人中蹴之令远。喧笑驰逐，以便捷勇敢为能。本朝用以习武，所著之履皆有铁齿，行冰上不滑也。”所谓“冰嬉”就是一种冰上掷球游戏，由两组人参加做竞技表演。来自白山黑水间的八旗健儿，不仅把这当作娱乐，更要借此保持八旗战士的勇武本色。

◉ 记录：《三百年前检阅冰嬉大典———抢等·抢球·转龙射球·各有定制》

冰上游嬉，为冬令高尚运动之一种，吾国行之已久。逊清定鼎中原之后，朝廷即有检阅冰嬉之典，至乾隆时代，内廷冰嬉制度益盛，所以习武行赏也。乾隆二年以后，每岁腊月，西苑三海，层冰坚固，于是择令辰，御驾乘坐冰床临观。曩时之冰鞋，极为简陋，系用一直铁条，嵌鞋底中，作势一奔，迅如飞羽，名曰“抢等”去。距皇帝所御冰床约三里外，树立大纛一座，兵士罗列，皇帝既御冰床，（又名柁床）鸣炮一声，树大纛处亦鸣炮一声以应之，于是众兵飞驰而至，御前侍卫立冰上，“抢等”者驰近御座，侍卫则赶快牵之使止。飞驰至者有先后，则赏赐亦有等差。继“抢等”表演者为“抢球”，兵士分左右队，左队服红衣，右队服黄衣。行列既成，御前

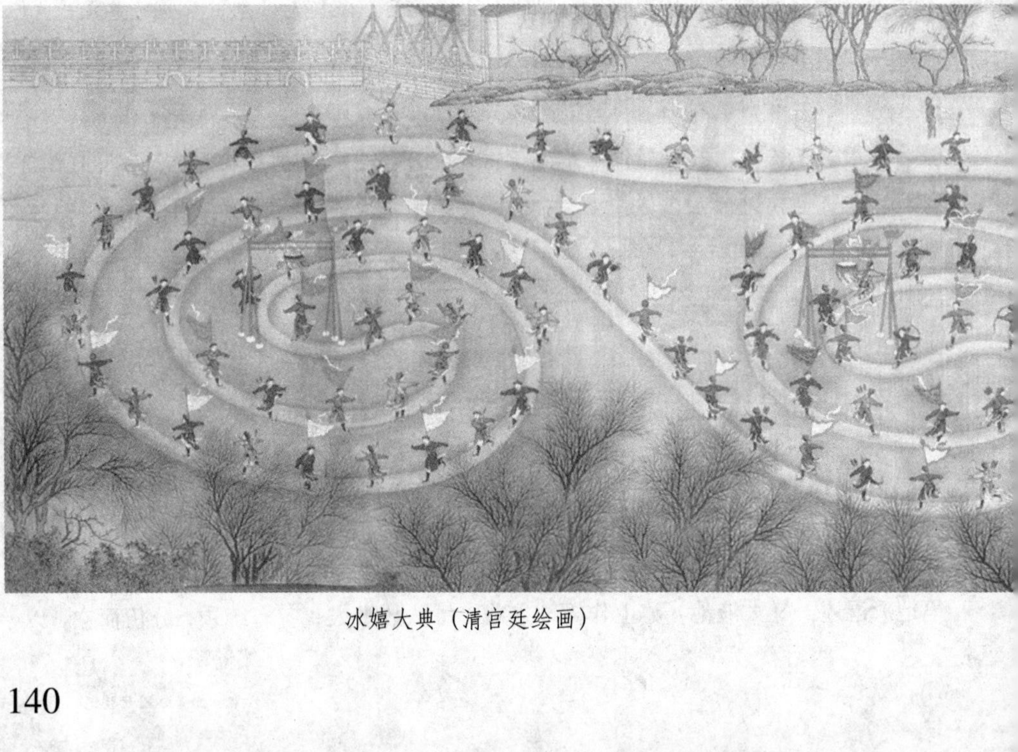

冰嬉大典（清宫廷绘画）

侍卫以皮球一个，用足猛踢，至中队。众兵争先抢夺，得球者复掷，众兵复抢，往来追逐，前仆后继。继此者为“转龙射球”，走队时按八旗之色，以一人执小旗前导，二人执弓矢后随。凡执旗者一二百人，则执弓矢者人数必倍之，盘旋曲折，奔驰冰上，远望之蜿蜒如龙。距御座近处设一旌门，上悬一珠，名曰天球；下悬一球，名曰地球。转龙之队兵疾趋而至，一射天球，一射地球，中者必获巨赏。复曲折蜿蜒而出，由原路盘曲各归本队。其最后执旗者，系用幼童，以象征龙尾也。其时八旗兵皆演冰鞋，分日阅看，按时行赏。至道光初年，此制始衰。

（摘自1941年1月15日《民众报》）

冰上活动传到民间，成了冬季时尚的体育运动。每届隆冬，北海湖面冰冻如镜，棚铺用杉篙、芦席在上面围出冰场，漪澜堂、道宁斋、五龙亭等茶座仍然卖茶和点心，北海就迎来了它冬日里的热闹。滑冰在青年学生当中尤其风靡，很难想象，当年的男女学生，一概是穿着棉袍子和蓝布大褂溜冰的呢！

上了世纪30年代，北海出现了冰上化装舞会。当我们在老画报上看到表演者的照片时，禁不住啧啧称奇。这里有白髯老翁、中年男子、名媛淑女、青年学生等，他们纷纷挖空心思，争奇斗巧，把自己装扮成千奇百怪的造型，有“满清官僚”、“满

洲贵妇”、“乡下妇人”、“银蝴蝶”、“一枝梅”……甚至还有“哈巴狗”！真是会玩，敢玩，玩得漂亮！那古老雍容的北海，想必是天天上演着多姿多彩的时尚景象吧。谁说30年代的北平只是暮气沉沉的古都呢？在这些表演者的身上，分明能看到北京人健康、活泼、青春的一面啊！

◉ 记录：《北海冰场一瞥》

天气寒冷，温度降低到零下十八度，各冰场都继续着开幕，北海公园已经有三个冰场开幕了。双虹榭、道宁斋、漪澜堂，它们这三个商店，都以自己的冰面，用音乐和食品来号召顾客。

双虹榭的主顾，多是一群学生与初学滑冰的人，但是也有时发现一两对情侣手挽手地边聊边滑，但大多数均为很快地滑着花样，或四肢朝天而跌倒的人。凡是到双虹榭的人，多是抱定进门就滑的主义者。

道宁斋与漪澜堂两个冰场，几乎都“并”上了，他们的主顾大半是对对的情侣，或是滑的技术特别好的人。最常见的是两个人并肩携手的兜圈子，或是弯着腰用力地跑着，或用着很“帅”的样子，在滑着8字或各种花样。

冰上老将吴桐轩先生，也时常穿着黑缎子的棉袄棉裤，飘着白须，光临在漪澜堂冰场上，玩着童子拜观音、朝天蹬等特别花样，引起四围的一片掌声。

还有一种人，是由双虹榭入场，兜几圈后，向北奔向道宁斋滑去，这叫花一份钱，而滑三个冰场主义者。

但当记者向冰场茶房询问票价时，他很恭敬地回答说：“季票一万三千元，每次五百元，小费随意”。于是记者只好走出冰场，到别处参观去了。

（摘自1946年12月26日《新民报》）

《“老供奉”溜冰》

当年冬天常举行化装溜冰。记得在五龙亭举行时，常有一个六七十岁白胡子飘洒的老者也来参加，表演的全是中国式的溜冰，十分精彩。比如他冰上拿一个朝天蹬，或金鸡独立能一立老半天，这在一般洋学生是没有这样的功夫的。这个老头儿，溜冰时穿一身黑缎子的中式紧身棉袄裤，飘洒着一大把白胡子，十分神气。从他裤腿上缠着绑腿带的古老打扮，看上去似乎像京戏《洗浮山》中贺天保的打扮，岂不

化妆溜冰（民间年间摄影）

知这正是清代末年带点“匪式”的摩登装束，讲究黑洋绉夹袄夹裤、黑缎子棉袄棉裤，谓之夜行衣，这并不是安分人的打扮。时代久远，人只看到这古老的样子，而不知他当年的情况了。据说他当年曾表演给西太后那拉氏看，同唱戏的王瑶卿、谭鑫培一样，是个“老供奉”呢。

（摘自邓云乡《增补燕京乡土记》之“溜冰”）

北海冰场（1930年代摄影）

五龙亭茶座（民国年间摄影）

初版于40年代的《故都变迁记略》对北海公园有以下评价：

三海自辟为公园后，亦招商设酒馆、茶肆，与中央公园同。中南海各殿宇以未完全开放，故酒馆、茶社较鲜。北海则漪澜堂、道宁斋、濠濮间、五龙亭、慧日亭、般若香台等处均设肆，外且于积翠堆云桥西邻水筑屋五楹，名双虹榭。白塔后筑屋数楹，名揽翠轩。天王殿、快雪堂之间筑屋一区，为仿膳社。皆为茶点肆。故都士女夏则泛艇，东则嬉冰，盖为稷园外第一之胜地也。

开放后的北海公园，一则以优美气派的皇家园林风貌吸引游人，二则经营得法，给游人提供了充足的饮食场所和游乐场地，所以长盛不衰，成为可与中山公园相媲美的名园。岁月荏苒，风华不减，到2005年，北海作为公园的历史也足有80年了。对于每年千百万来京旅游的人们来说，除了故宫、长城、颐和园，北海也是不可不去的地方！

第七章 京兆公园（地坛）开放记

1925年，北京地坛在京兆尹薛笃弼的主持下，改建为京兆（注：京兆指京师及其附近地区。民国时期，改顺天府为京兆地方，府尹为京兆尹，国民党政府成立时废。）公园，京兆公园是北京地方当局创办的第一个公园，也是在当时京城以外创办的第一个公园。

地坛是昔日皇帝祭祀“皇地祇（音齐）”的神圣场所，如今变成了平民游玩锻炼的好去处，其面貌和功能都发生了巨大变化。

一、1530 —1911：明清地坛

地坛，又称方泽坛，坐落在京城北部安定门外大街东侧，与南部圜丘坛（天坛）遥相呼应，分别象征地和天。地坛是明清两朝皇帝祭祀“皇地祇”的场所，也是我国最大、唯一幸存并保持原格局最完整的祭地之坛。“天为神，地为祇。”地祇亦作地示，专指地神，是与天神相对应的神灵。皇是大的意思，皇地祇是对地祇的尊称。

[明] 嘉靖皇帝像

明朝开国皇帝朱元璋建都南京后，遵照《周礼》关于分祀天地的规定，在钟山之阳建圜丘坛，每逢冬至日祭天；在钟山之阴建方丘坛，每逢夏至日祭地。十年后改为天地合祀，将圜丘台改建成大祀殿，在其中供奉天地神。

明成祖朱棣于永乐十八年(1420)迁都北京后，仍按南京旧制，在南郊建大祀殿（今天坛祈年殿位置）合祀天地。到了明世宗嘉靖九年(1530)，主管祀礼的大臣夏言上了个奏折，要把天地合祀改为天地分祭。同年五月，经过大臣们的激烈争议后，嘉靖皇帝终于拍板"分祀良是"。将南郊天地坛改为圜丘专以祭天，在北郊另建方泽专以祭地，并在东郊建朝日坛、西郊建夕月坛，形成圜丘坛（天坛）、方泽坛（地坛）、朝日坛（日坛）和夕月坛（月坛）环绕京城的格局。这是明代一件重要事件，称为"更定祀典"。

地坛所表达的观念，一是大地观念，二是领地观念。阴阳学说和"天圆地方"、"地谓之黄"之说属于大地观念。方泽坛上层铺成四正四隅8个正方形，表示"普天之下，莫非王土"，在坛上层设皇帝祖先配位、下层设代表天下名山大川的四从坛，表示以君权为核心的大一统观念，属于领地观念。领地观念是地坛最重要的价值所在。

地坛分内外两部分，坛内总面积640亩，坛外辟有护坛地1476亩。主要建筑有

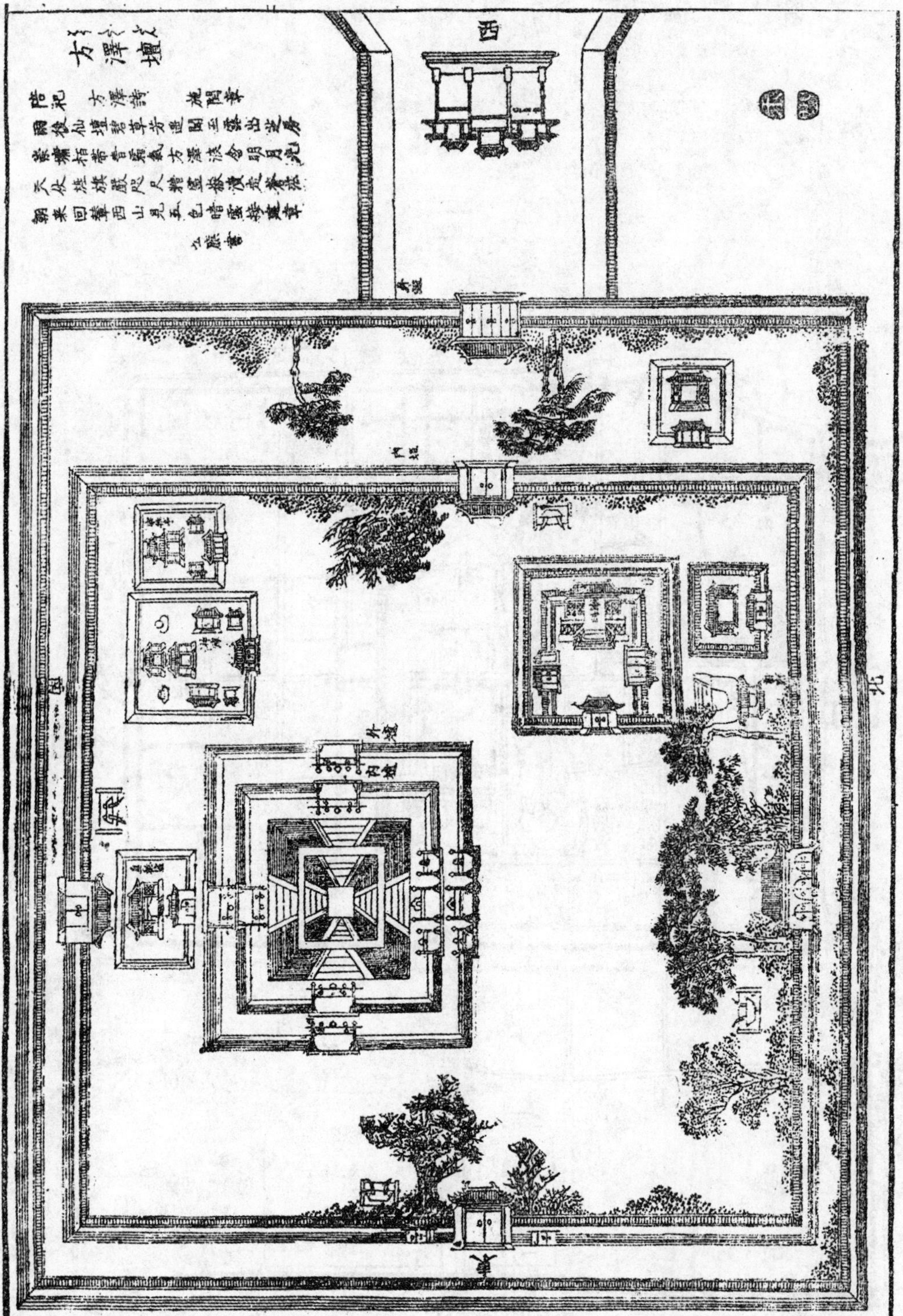

〔明〕方泽坛总图（摘自《唐土名胜图会》）

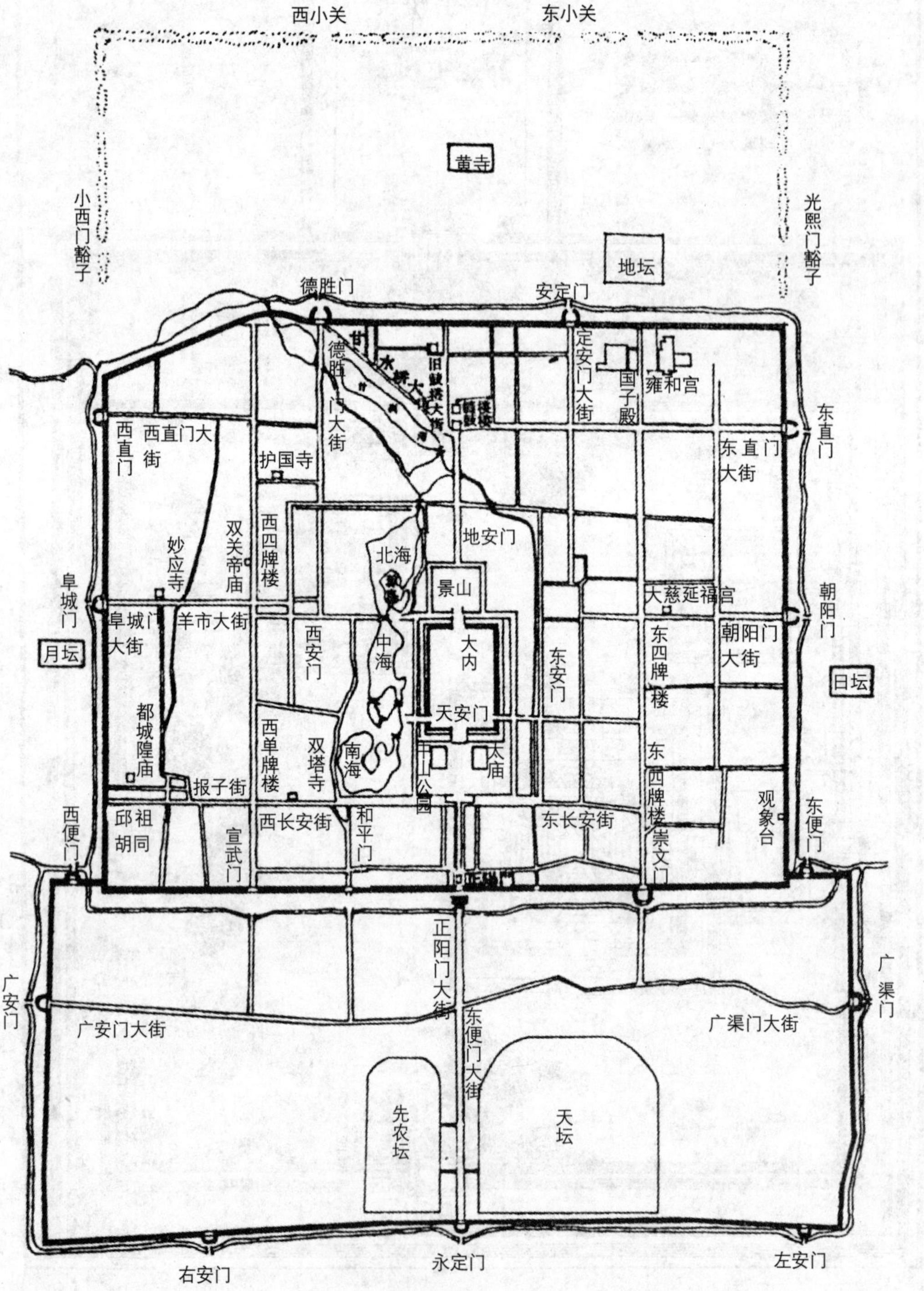

天地分祀后的五坛位置图

方泽坛、皇祇室、神库、神厨、祭器库、乐器库、宰牲亭、斋宫、牌楼、钟楼、神马殿等20多处，共200余间，共计2.4万多平方米古建筑。

二、1925：京兆公园

地坛在建成之后的将近400年里，一直是皇家禁地。1911年清朝被推翻，祭地礼仪废止，地坛渐渐成了一座寂寞的废园。后来袁世凯的军队曾在园中驻扎，各系军阀的军队也如同走马灯似的驻进撤出。据考证，现在坛垣上残留的方洞，就是当年袁世凯军队搭建营房时凿的柁眼。1923年9月，日本东京发生大地震，已经被废的末代皇帝溥仪为筹款赈济日本灾民，首次开放地坛，售票供头面人物游览参观。1924年11月5日冯玉祥驱逐溥仪皇室出宫，地坛部分驻扎军队，部分拨给河北省农事试验场种植美杨、湖桑。就在这几年里，由于驻军破坏，大片古柏被砍柴烧火，房屋大半破损倒塌，曾经典雅庄严的地坛，几乎变成一片荒凉的废墟。

1924年12月，一位32岁的年轻官员调任京兆尹，相当于今天的北京市长。他就是薛笃弼，在任的时间不过一年，却在此期间主持完成了地坛的建设改造，为北京再添一座公园"京兆公园"。

薛笃弼改地坛为公园的动机，与十余年前朱启钤改社稷坛为中央公园的思路十分相似。荒秽不堪的地坛在他眼里，就是将来市民休息游乐的场地基础，利用价值是很大的。"因其地势宽大，树木丛森，与其坐视倾颓，曷如废物利用。"1925年3月，他向内务部呈文，请求将地坛拨归京兆，辟为公园。呈文中写道：

查建设公园为东西各国所重视，京兆风气闭塞，尚沿旧习。化民成俗，责在有司。京兆尹到任后曾分令各县酌量建设公园，以期新民耳目。至京城地面地广人稠，此类公园场所尤应多设。正拟就安定门外地坛地方改建北郊公园，以为城乡一般人士研究农林事务之处。

半个月后，请求获准。薛笃弼立即开始多方招募集资，还得到了财政部、交通部及其他机关的一些捐助，共筹到国币16000余元。他委派许廷杰、王树槐二人为筹备主任，另聘若干名筹备员实施建设事项。在三个月之内，改建进展颇具效率：

第一期：平垫马路，栽植柏墙，建筑公共体育场；

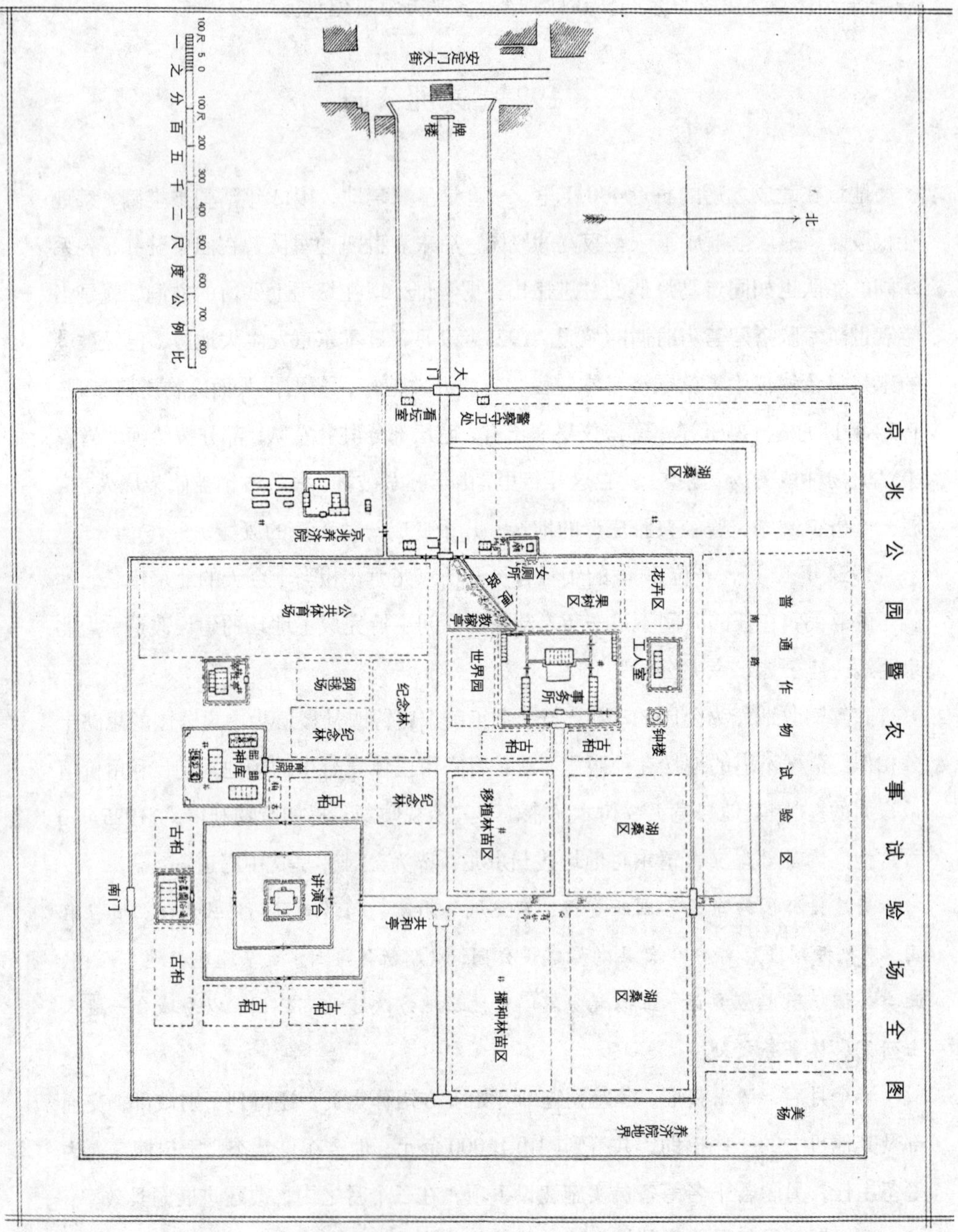

京兆公园农事试验场全图（1925年）

京兆公园西门外的牌楼（1925 年摄影）

京兆公园大门（民国年间摄影）

市民公园（民国年间摄影）

第二期：画地为图，布成世界园；

第三期：建筑共和亭，成立通俗图书馆；

第四期：添设各处亭台，开辟道路，装置电灯，涂粉墙壁。

经过这样一番紧张有序的筹备，内坛大部分被修整一新，外坛仍为农事试验场。1925 年 8 月 2 日，京兆公园开放。

◉ 记录：《京兆公园开幕 薛京兆出席讲演》

京兆尹薛笃弼所创办京兆公园，业已告峻，于前日上午十时行开幕典礼。到会者有薛笃弼、筹备主任马鹤天、内务部代表伍司长及京兆教育实业团体与来宾一共三百余人。开会秩序，首由薛笃弼领来人向国旗行三鞠躬礼后，薛氏演说。略谓公园与人民有极大关系，第一就是与人民卫生有关系。北京住人最多，城市空气极为恶劣。人民办完事后，精神疲乏，到公园散步，呼吸新鲜空气，可以解除烦闷，精神爽快。第二就是与教育有关系。公园生活适宜，可以增进知识，发达体育。质言之，公园是变相的通俗学校，为吾人所最需要者也。薛演说毕，筹备主任马鹤天亦有演说，词长不备录。马演说毕，摄影茶点，至十二时散会。兹查该园内已经建筑通俗教育馆、世界园、体育场，尚有各种有益事件正在筹备中。闻该所建筑房屋，均用五色瓦，盖寓五族共和之微意。又前昨两日到园参观约逾三千人以上。自明日起，实收入场费，每张六枚，为数亦有限云。

（摘自1925年8月4日《社会日报》）

三、"于公共游息之中，寓提倡教育之意"

薛笃弼改地坛为公园这一举措，又一次将皇家禁地变为公共空间，无疑是顺应了城市近代化的潮流，造福于民；同时，他也出色地执行了政府当局的意志，通过新型休闲形式的大众化，来铲除不良的社会习俗。1925年《京兆公园纪实》在其缘起中交代了其目的。

因京畿北郊一带人民文化程度较为低下，卫生素不讲求，得此公园可以陶淑其性情，开拓其眼界。附近儿童尤得体育之所，不至陷于无益之游戏，则其裨益甚大，正不徒游目骋怀而已也。

京兆公园所有新景点的设置，都充分地体现着设计者的良苦用心："一曰辅助卫生；一曰发展文化；而保存古迹、开放游览之意亦寓乎其中。""期于公共游息之中，寓提倡教育之意。"这样一座整洁美丽的公园，其实也是一部启蒙国民、普及知识的教科书。

1、世界园

设在斋宫南宫墙外的空地上。此处原是一片刺槐林，将刺槐移走后，平整土地，铺设露天大沙盘，"画地为图，以石代山，以草代水，以花木辨其国土，以旗帜志其国名”。这种设计，即使在80年后的今天也令人叫绝，这其实是一座巨大的立体世界地图啊！“所有世界上名山、大川，都会、商埠，铁路、航线，岛屿、海湾，无不点缀尽备。而中国之地势，如各省、省会，五岳、五湖，长城及长江、黄河，珠江三大水，亦莫不分别清晰。又若吾国历来丧失之土地，租借之口岸，尤为精详。周围竖立木牌，详载中国幅员之广，人民之众，物产之丰，开国之古。又分载世界名人简单事略等等。”

最耐人寻味的是，这座世界园与古老的“地坛”形成了绝妙的呼应，同是以“土地”为主题，而实质又绝不相同。世界园把全世界的土地真实形象地展现在游人面前，供人观摩学习；而地坛几百年来一直高高供奉着神秘莫测的“皇地祇”，除了“天子”皇帝，普通人是无缘接近的。

世界园大门（1925年摄影）

世界园的建设宗旨，在于“极力提倡国家主义，唤起群众爱国思想”。写在园门和园墙上的标语，已经言之谆谆，明白地表述这一宗旨了。

园门正面：大好河山，频年蚕食鲸吞，举目不胜今昔感；强权世界，到处鹰瞵虎视，惊心莫当画图看。

园门反面：要有国家思想，须具世界眼光。横额：勿忘国耻。

北墙上：“竞争生存”四大字，两端写有：人富我贫，人强我弱，同是个国，我不人若；游历一遍，惭愧实多，奉劝同胞，快快觉醒。

又有：世界大势，一目了然；惊心触目，自强为先；愿我同胞，努力勉旃；中华前途，亿万斯年。

◉ 记录：《游览世界园规则》

一、游人入园，即可知世界大势，及本国历来外交失败割地议和情形。

二、游人入世界园门内，须照定园内航线立牌而行，不可径直穿行中国本部，以免损坏部内山水及长城铁路等。

三、游人于各界内地上所种花草，不得任意攀折。

四、界内插瓦，不得任意践踏，其携带幼孩者，尤须格外注意。

五、园内禁止携带鹰犬。

六、园内墙上大字，不得任意摩擦。

七、世界园门内，置地球之玻璃桌，及门外悬挂地图之玻璃站牌，游人如有损坏，须按价赔偿。

2、公共体育场

在京兆公园开放之前，偌大的京兆地区，竟没有一个公共体育场。公园把南面的一个荒草丛生的大坑改建成体育场。在北面设天桥、秋千、转千、铁杠、溜板、扒绳、扒杆、双环、溜绳、摇椅、软梯、双结绳等多种器械；东面有网球场；南面有篮球、足球、赛跑场等，并有转轮、压板、木马、平台、浪桥、浴池、沙滩等等。天桥上立高杆，悬国旗。场中分成人、童子两部分，设有教练，游人可随便入场锻炼或参观。从以上种种来看，这实在是一个国内少有的设施齐备的平民化运动场，投资必然不菲。它的创建者又是把体育和爱国教育的目的结合在一起的，且看门墙上的标语：

提倡尚武精神，发扬民气；辅助通俗教育，陶铸国魂。

锻炼精神备他日担当宇宙；蹉跎岁月问何时报答国家。

西墙上有“强健身体，活泼精神”；南墙上则是“优胜劣败”。

创业者们还把“提倡体育”和“救国根本之大计”联系起来，一座运动场的设置可以和国民素质问题密切相关。这实在是出于那个时代知识分子特有的忧患意识和社会责任感。

◉ 记录：《京兆公园纪实》

要知国家之存亡，视乎人民之强弱，人民之强弱，视乎能否奋勇，能否竞争而已。我国开化最早，因为安故守常，萎靡不振，所以数千年来，丝毫未有进步，人民日弱一日，列强之欺侮，国势之阽危（注：临近危险），真令人痛心！是以提倡体育，发扬民气，实为救国根本之大计。

（摘自《京兆公园纪实》，1925 年）

◉ 记录：《公共体育场规则》

一、各界同胞，欲求身体健康，皆可按时入场运动。

体育场正面（民国年间摄影）

体育场中部（民国年间）

二、各国来宾，经本国同胞介绍者，亦可按时入场运动。

三、凡团体来场运动，或比赛，或举行运动会者，须首先来函声明方可。

四、凡运动者，须按本场所定时间，并应服从本场规则，及指导员之指挥。

五、凡不运动者，不准在场故意喧哗、扰乱次序，及一切妨害运动之行为。

六、凡运动者，不准违犯运动规则，及一切无理质问要求。

七、欲运动某项者，须自备所用之球类及用品。

八、欲运动某一项，不得占时过久，以免有碍后来继续运动者。其时间之长短，按某项所需，当同指导员接洽定之。

九、公家物件，应当爱惜，倘有损坏，须按价赔价。

十、场内吃酒、遍地吐痰、污秽言语、不当行为及一切野蛮举动，一律禁止。

十一．本场开放时间：每日由早八时起，至十一时止；下午由三时起，至七时止。

（摘自：《京兆公园纪实》，1925 年）

3、共和、有秋、教稼三亭

这是三座新建的亭子，三亭的设计和命名，都直接表述着薛笃弼先生的国家思想。

共和亭：在公园东部，分为五面，绘成五色。亭左右有两块匾，一为“共和国之主权在人民”，一为“共和国之元气在道德”。亭内悬挂五族伟人画像，分别为：汉族黄帝、满族努尔哈赤、蒙古族成吉思汗、回族穆罕默德和藏族宗喀巴，并分别介绍其简单事略，以示“五族一家”之意。亭两旁分立木牌，绘有中外爱国故事。

有秋亭：亭前对联上写：“一熟为丰再熟为稔，十年树木百年树人。”由于薛先生念及京兆人民连年遭受战乱，生活困苦，故在对联中寄寓了“与民休养生息”的意思。亭名“有秋”，取自《尚书》中“若农服田力穑，乃亦有秋”，即获得丰收之意。

教稼亭：立在公园西部的土山上，北依果园。对联上写：“五谷熟人民育，三阶平天下宁。”其亭名一望可知取自“教民稼穑”，寓意也很明白：注重农桑，以农立国。

共和亭正面（民国年间摄影）

4、通俗图书馆、讲演台

通俗图书馆利用了皇祇室旧址。皇祇室本是供奉皇地　神牌位的地方，薛先生将它修葺成图书馆。馆中四壁挂满了通俗教育画、地图、节检图、卫生图，书架上高通俗教育丛书，还利用原有的石桌作为阅读处，供游人随便阅览，此处也少不了标语，外墙上书“勤俭治家，孝悌立身”，内壁上亦有“为善最乐，读书便佳”。

◉ **记录：《通俗图书馆规则》**

本馆为增进农民普通知识起见，特设通俗图书馆，俾农民随便阅览。

一、馆内专派工役一人，管理各种图书，阅览人欲阅何种图书，可向其取阅，但不得同时并取。

二、阅览人将所取图书阅毕，仍须放原处，不得任意抛置。

三、阅览人不得将图书随意携出，致他人不得取阅。

四、阅览时间不得吸烟，及谈笑喧哗。

五、阅览人不得随意吐痰。

六、阅览时间：每日自早八时起，至下午四时止。

（摘自《京兆公园纪实》，1925 年）

露天讲演台的设置，可以说是地坛中“废物利用”最巧的一项。它利用的就是那座宽阔的方泽坛，坛上立高竿，悬国旗，周围设听众座位，可容纳数百人，还备有留声机，任各界名流随时讲演。如果说祭地是帝王时代的特有景象，那么如今在同一座祭坛上，正上演着最能体现新时代风气的景象，那就是公众讲演了。

讲演台（民国年间摄影）

◉ 记录：《讲演台规则》

一、本园为推广通俗教育起见设讲演台，以备讲演之用。

二、每日演讲时间：夏季自下午六时起，至七时止；冬季自下午四时起，至五时止，但特别讲演，不在此列。

三、有愿来园讲演者，请先期将姓名题目函知本园，以便公布。

四、听讲人不得有妨碍秩序之举动。

五、听讲人务须静肃，有疑义时，须俟讲演终了，再行质问。不得中途发言，致妨讲演进行。

六、本规则于本台讲演适用之。

（摘自《京兆公园纪实》，1925年）

5、农林事务所

农林事务所原为1919年5月成立的京兆农林事务总局。前任京兆尹王达曾在地坛空地上开辟农桑区。到薛笃弼改建公园时，仍把原有的树木花卉加以整理培植，并绘制农林图，详加说明。薛先生之所以如此，是因为他认为在民生凋敝之际，农业亦是救国之途，应向市民普及农业常识。他还曾计划增加预算，把此处改为农林试验场。

时至今日，薛先生当年所有的设计和实绩，仍然令人赞叹。他创建的不仅仅是一座公园，更是施行国民教育的理想场所。依赖于城市新开放的公共空间，通过种种形式，寓教育于游乐，来促进公共道德、知识普及和体育，而所有教育都紧紧围绕一个主旨：爱国教育。这是那个时代最前沿的风气所向。同时，古老的地坛经过改建和开放，亦被赋予了全新的功能和意义，“祭地”作为符号被留在历史的书页中，“公园”则以它既传统又现代的姿态，走进了北京的社会生活。

◉ **记录：《京兆公园开游艺会　定十月十日举行》**

安定门外地坛，现已改为京兆公园多日。地广林博，空气新鲜，诚消遣良地也。兹闻京兆尹拟于十月十日即双十节，开一学校游艺大会。现已通知所属各校勤加练习，以作是日比赛之优者也云。

（摘自1925年9月19日《社会日报》）

四、1928：市民公园

1925年10月，地坛开放后不久，薛笃弼已调离京兆，即将赴甘肃任省长。他在《京兆公园纪实》序中表达了这样的希望：“愿我后之人，与我同志，知斯园缔造艰难，修之葺之，俾斯园之得以永存，是则笃弼之厚望焉也夫。”作为创业者，他当然珍爱自己的成果，期望它传之久远，但事与愿违，在以后动荡的岁月里，京兆公园命运多舛，几经沉浮。在京兆公园司事杨绍周于1928年给工务局的呈文中，其艰难状况可见一斑：

园内经费，每月共规定经常费洋四百七十八元；临时费洋一百五十元。成立预算由前财政厅按月拨发，俾资经理。……迨前岁，近畿战起，直鲁军及奉军往来竟以本园为驻屯之所。全部建设及家具、文件悉被摧残。战事平定之后，尹署因库帑奇绌，不惟不能筹款修理，且将原定经费每月减为一百二十元，临时费则予删除。减费之后仍未能按时发放，平均计算每月只能领得三成左右，合洋不及四十元。而往来军队常川（注：像河流）驻扎，两年以来，蹂躏殆尽，现在驻园者为国民革命军第六军团后方医院。此本园残破之经过情形也。

尽管创业者抱着保护古迹、警醒国民的美好愿望，将废坛改建成公园，但令他们痛心而又无奈的是，驻军破坏、经费短缺等问题不断地损害着新生的公园。仅仅

市民公园前牌楼（民国年间摄影）

市民公园大门（民国年间摄影）

一年以后，新建的景点就陆续被损毁，公园日趋衰败。1928年，由于首都迁移至南京，北京改为“北平特别市”，京兆公园亦改名为“市民公园”。经营情形仍然是每况愈下，由于屡有军队进入，驻屯操练，骚扰干涉，使游客畏惧，裹足不前。又有大部分土地被河北省农事试验场占用，市民公园仅能保留内坛中部的地盘，世界园改作育苗场地，斋宫成了种子交换站，神库被当作警犬训练所。如此瓜分蚕食后，作为公园最关键的要素——公共空间越来越小，游人也就愈发稀少，公园可以说是名存实亡。1933年，北平市政府曾想撤销农事试验场，加以扩大整修，挽救市民公园，但因河北省府不同意，且驻军撤出之事也很棘手，这番振兴计划只得不了了之。

1935年，北平市坛庙管理所接管坛内古建筑，停办市民公园，仍以地坛名义开放。1936年，北郊医院借用地坛内部分土地。1937年停止售票。后来，坛内土地被分给西郊农民居住、耕种，从此地坛与普通田野无异。解放后，人民政府接管了地坛。1981年以后，国家投资四百余万元，对古建筑进行了复原整修与重建，1984年5月1日，地坛公园正式开放。至此，度尽劫波的地坛终于恢复了它的生命活力，再一次以优美的公园形象出现在北京人的生活之中。此时，距离它第一次作为“京兆公园”开放，时光之轮已经转过了将近60年，真恍若前世今生……

◉ **记录：**

地坛，一、现状：地坛在安定门外。坛内打牲亭、神库及皇　室三处皆糟朽。河北省第四农事试验场占用其余房舍及大部土地，专为种植美棉之用。坛内中部为本府创办之市民公园，外坛西南部为本府之育苗场所。坛为方形，坛北面之石沟岸塌陷，坛内外荒草蔓生。下照为坛北门外之影也。二、整理办法：塌陷之房舍应加修葺，用为市民公园游人休息之所或市民礼堂。北城一带，公园及娱乐场所皆缺，故该坛整理后，使该处市民得充分享用，实为当务之急也。

（摘自《北平市坛庙调查报告》，1934年5月17日）

地坛，民国十四年改为京兆公园。于外坛辟农事试验场，划归河北省府管理。公园划归北平市政府，改名市民公园。嗣后因时局不靖，公园日就颓废。原有世界园、草亭等，以常驻兵于内，不加爱护，公园仅存其名。廿二年市府力图整顿，拟收回河北省有之农场归市管辖，并拟加以扩充管理，点缀风物，以期造成完美之市民公园。卒以河北省府不允变更管辖，驻军迁移亦感棘手，以致迁延未办。现在所谓市民公园，仅存其名而已。

（摘自《旧都文物略》，1935年版）

京兆公园，在京师东北隅安定门外，即清之地坛旧址也。在清为禁地，入民国后，京兆因提倡农桑，商拨一小部分，设农林事务所，始行开辟种植，而其余各处，仍多荆榛，且时驻军队，坛墙房屋，年久失修，半皆倾圮，茂树恶木，嘉葩毒卉，杂乱争植，几成秽墟。笃弼不才，以民国十四年春，来尹京兆，因其地势宽大，树木丛森，与其坐视倾颓，曷如废物利用。爰请内务部，拨归京兆，辟作公园。始命铲刈秽草、伐去恶木、修葺房屋、宽平道路，乃更其名，曰京兆公园。园中墙壁，书绘古人嘉言懿行。园之北为世界园，画地为图，以石代山，以草代水，以花木辨其国土，以旗帜志其国名，如各国都会商埠铁路航路分别清晰，点缀綦详；入斯园也，世界大势，一目了然。迤西有亭曰教稼，即寓古人教民稼穑之意。园之南为公共体育场，各种运动器具，设备齐全。游人入场锻炼精神，增进健康。园之东有亭，曰共和，分为五面，髹以五色，亭内悬挂汉满蒙回藏伟人肖像，五族一家之意寓乎其中。亭之左右分立木牌，书绘爱国故事，唤起游人爱国思想。迤北有亭，曰有秋。使民休养生息，秉古人乃亦有秋之意。迤南有演讲台、通俗图书馆二处，即祭坛皇祇

市民公园甬道（民国年间摄影）

室之旧址，台之周围设置座椅，台上为演讲处，专为露天讲演之用。馆中利用旧有之石桌为阅书处，悬挂图画于四壁，陈列各种图书报纸，以供众览。凡诸设施，均期于公共游息之中，寓有提倡教育之意也。京兆称首善之区，而文明设备机关尚未发达，窃深憾焉！虽财政异常困难，而此园之设……未能因噎废食，嗣由笃弼多方捐募，经营数月，今幸告成，兹以其筹备经过之情形，搜集成帙，曰《京兆公园纪实》，行将付印。为叙其由，愿我后之人，与我同志，知斯园缔造艰难，修之葺之，俾斯园之得以永存，是则笃弼之厚望焉也夫。

（摘自薛笃弼《京兆公园纪实》，1925年）

第八章 颐和园开放记

颐和园正式成为公园的时间，历史记载是在1928年，在本书所述的公园开放序列中，应该排在最后。为什么会这样？其中缘由并不简单。

颐和园，始建于18世纪中叶清朝全盛时期的乾隆朝，初名清漪园；在清末光绪朝，慈禧太后又耗费巨资重建维修，并长期在此居住。这是中国最后一代封建统治者倾心营造的最后一座皇家园林，集中体现着封建王朝最后的绚烂。

1912年，当末代皇帝黯然退位后，颐和园并没有收归国有。这座地位特殊的皇家园林，依附着国民政府开出的“清室优待条件”，与日暮中的紫禁城一起，成为逊清皇室手中仅存的资本。早在1914年，它就开始售票开放，收入充作皇室经费，高昂的票价使平民百姓望而却步。直到1928年，北伐战争的胜利使北京政局再次变化，南京国民政府接管颐和园，颐和园才正式成为公园。

一、最后的皇家园林

颐和园的历史，与两位清朝最高统治者密切相关。前者是自称“山水之乐不能忘于怀”的乾隆皇帝，后者是统治中国48年之久、穷奢极侈的慈禧太后。他们都对这座园林极为钟爱，不惜耗费巨大的人力物力，造就颐和园无以复加的辉煌。

乾隆皇帝建造清漪园的用意，一是祝贺母亲的六十大寿；二是营造“三山五园”，以位居其中的清漪园，将东面的畅春园、圆明园与西面的静明园、静宜园连成一片。奈何此前修建圆明园时，他就曾声明今后“不肯舍此重费民力建园囿矣”，而今为避免食言，便假托“治水”之名治理新西湖。清漪园的兴建恰值中国古典园林艺术发展的极盛时期，为此后颐和园的建造奠定了极好的基础。

[清] 乾隆皇帝像

当清漪园修建时，工程由乾隆皇帝亲自主持，内务府样式房秉承皇帝的意旨担任设计。园林总体布局继承了中国传统造园“虽由人作，宛自天开”、“巧于因借，精在体宜”的艺术特色，亭、台、轩、榭、寺、庙、桥、舫均依循自然风光，分布在万寿山上、昆明湖中，形成一座以湖光山色著称，又以金碧辉煌闻名的大型皇家园林。乾隆得意于这里优美的景色，49 年间共来园 132 次，做清漪园风景诗1500多首，其中有“何处燕山最

佛香阁（民国年间摄影）

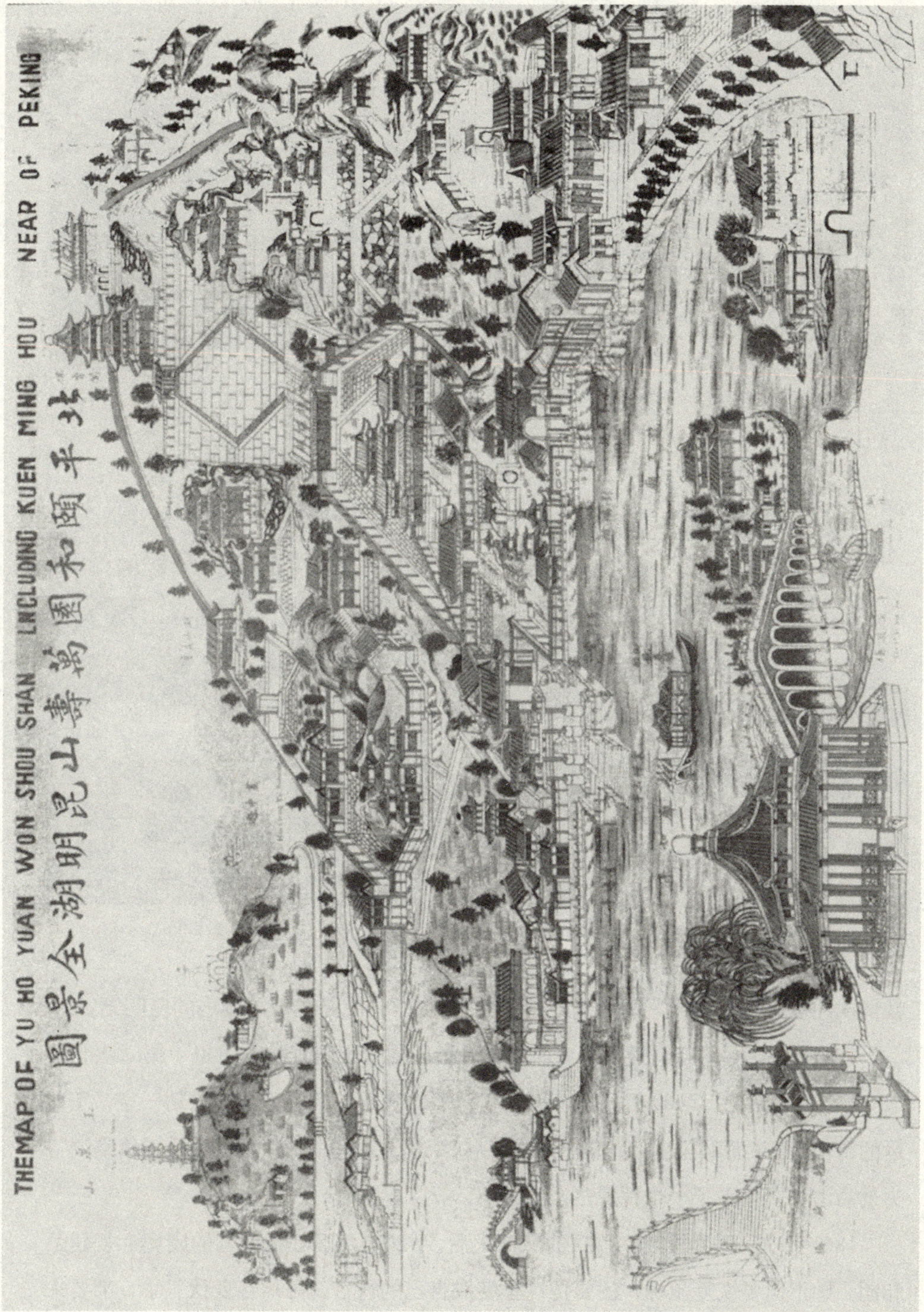

三山五园图（民国年间绘画）

慈禧曾经居住过的乐寿堂（清末摄影）

1860 年被烧毁的后山（民国年间摄影）

1860 年第二次鸦片战争中被烧毁的佛香阁（19 世纪末摄影）

畅情，无双风月属昆明”的名句。这里的“昆明”，就是指清漪园内的昆明湖。

乾隆之后，经嘉庆、道光、咸丰三朝，清朝国势转向衰微。1860 年第二次鸦片战争中，完整存在了 109 年的清漪园被英法联军焚毁，园中珍宝被抢劫一空。王闿运的诗句“玉泉悲咽昆明塞，唯有铜犀守荆棘；青芝岫里狐夜啼，绣漪桥下鱼空泣”，为劫后清漪园留下了一个荒凉的写照。

1861年以阴谋手段夺取政权的慈禧太后，于20多年后在清漪园的废墟上复建颐和园。她不但要恢复园林，还要把这里变成自己的行宫，每年春夏秋三季，都要来此长期居住。颐和园的作用超过了紫禁城，成为实际上的朝政中心。慈禧在这里除了牢牢掌握军政大权，还尽情享乐，穿金佩玉，画画听戏，养狗玩鸟，甚至把自己扮成“观音大士”画像拍照。

颐和园的“履历”

清朝以前	此地为元代时所称的“瓮山”和“瓮山泊”。沿岸及其附近有寺庙和小园林。后来此地也称“西湖”，为京郊著名的旅游胜地。
1750年	乾隆发布上谕改瓮山之名为“万寿山”，改西湖之名为“昆明湖”，开始兴修清漪园。
1764年	清漪园竣工，历时15年，用银440多万两。与畅春园、圆明园、静明园、静宜园连成一片，加上香山、玉泉山、万寿山，形成格局完整的“三山五园”。
1860年9月	英法联军侵入北京，咸丰帝逃往承德避暑山庄。10月17日，联军司令额尔金下令放火焚烧圆明园。数日后，清漪园及“三山五园”的其他诸园均被焚毁。
1885—1894年	慈禧太后挪用巨额海军经费，修复被毁的清漪园。
1888年	以光绪帝名义发布上谕，改“清漪园”之名为“颐和园”。
1900年	庚子事变。八月，八国联军兵临北京城，慈禧与光绪逃往西安。8月30日后，沙俄、意大利与英国军队相继进驻颐和园。
1902年	慈禧与光绪返回北京，立即动用巨款修缮被联军破坏的颐和园。
1904年	慈禧在颐和园举行70寿辰的“万寿庆典”。
1908年	慈禧和光绪相继病死，3岁的溥仪继位。颐和园被封禁。

二、逊清皇室的私产

1912年2月12日，末代皇帝宣布退位。民国政府开出了非常优厚的清室优待条件，“大清皇帝辞位之后，暂居宫禁，日后移居颐和园。”这座著名的园林就成了逊清皇室的私产，仍由清室内务府管理。1912年9月12日，辛亥革命的领袖孙中山、黄兴曾来园参观。虽然内务府对颐和园的管理十分严格，但毕竟帝王时代已经过去，中外人士纷纷要求参观颐和园。于是在1913年4月24日，步军统领衙门不得已制定了《瞻仰颐和园简章》，规定有严格限制的参观办法。其中：

一、参观时间：每月以三次为限，以阴历逢六日为参观之期，其余日期概不发照。每次参观，以上午九时至下午六时为限，逾时不得在园内逗留。

二、参观办法：各政党及军学界人等欲入园参观者，政党由本党部长，军界由本管统制，学界由教育部，前三日将姓名、年岁函至步军统领衙门，以便填发执照。仍先期知照内务府，以便放行。每次参观，各界以十人为限，概不多发，女界一概不发执照。

三、注意事项：每届参观时，由中营将官饬派妥慎官兵，在园门外验照入园，出园时将照收回缴销。园内各处陈设物品，参观者不得任意抚弄。园外秩序由步军统领衙门官兵维持，园内由内务府稽查导引。

从这些规定可以看出，此时的参观是给达官贵人的优待和特权，远远不是真正的开放。而且实行以后，一些官绅对限定日期参观仍感不便，尤其是妇女界，强烈反对“女界概不发照”的规定。后来不得不放宽政策：一、如有特别人员，不能拘定原章日期者，均由本部先期知照步军统领衙门，以凭商办。二、各党部官眷及女校学生，由本衙门发给特别知照，于阴历每月六日参观。

这种“凭照参观”的制度没有实行多久，赶上北洋政府财政困难，按清室优待条件规定的每年400万元皇室经费，已经逐年短欠。为了增加财源，1914年步军统领衙门与清室内务府商定“于开放游览之中，寓存筹款之意”，于5月开始，正式向社会售票开放。新制订的《颐和园等处售券试办章程》中，规定入门券每张售大洋1元2角，排云殿、南湖、谐趣园、玉泉山等处需另外购票，同时还提供帝后的御舟供游客乘坐，每船按程计价，至少1元，最高可达10元。

开放以后，每月平均卖票收入约2000元左右，并逐年增多。其中23归清室内务府，1/3由步军统领衙门掌握。

◉ 记录：《颐和园游记》（节选）

京都为首善之区，雄君代作，奢糜相踵。园池台榭，所在皆是。最可指目者，曰天坛、曰先农坛、曰万牲园、曰玉泉山、曰圆明园。圆明园焚劫于敌，瓦砾焦土，徒令人触目伤神而已。近时最著名者则为颐和园。

颐和园一名万寿山，清西后养颐之所也。距城十八里，位于西北，玉泉山踞其西，圆明园峙其东，相间二三里不等。一衣带水，半无点染，发源玉泉山，经颐和园注为昆明湖，绕圆明园之后曲折而来，所谓清河是也。苟从事葺辟，置为公园，则山明水媚，杰阁崇楼，宁非大观！惜乎火者粉碎，荒者倾圮，只拳大颐和独树锦帜，于是颐和园三字遂牢记于游人之脑中。虽路政不修，颠蹶可虞，观光者仍驰骋而往，藉览名胜。第不知瞻仰回顾之余，曾念及此我民脂膏，骈凑成数之海军捐之遗骸乎！现时政府利用此机，拟售游券为八旗筹生计。顾行旅安危，游人之众寡系之。衮衮当道，遂议决先修马路，以广招徕，而今海甸道旁，乒乓之声皆裂石音也。

余校在清河，当蒙人华商出入都城之要道，距京园各十八，位京直北，作等边三角形。某月日，余偕冠者五六人，咏歌而往。顾自京至附近各处，除道西直门（京西门）至颐和园，有慈禧遗御华洋合璧之马路外，余无闻焉。且途址崎岖，时患泥泞，尤以清河至颐和园为最甚。幸青驴矫捷，冠于他乡，骑以代步，未始非策，作京都附近游者不可不知此也。于是吾等乃款段而行，争先逐后，意气扬扬，颇觉自得。良以军人特性，好骑马试剑。迨抵园门，钟鸣十句，枵（注：空虚）腹而进，迫于时也。时园门守卒，只二三伍，较之三年前逻骑林立，俨若临敌，百步之外，行人止足，相差何啻天渊。使贵胄遗老及今而见，吾等平民联袂来游，不将疾首蹙额，如村妇詈（注：骂）人曰：何来囚虏，且何福，今竟涉足园庭，践污宫阙，是皆共和之罪也！然而吾等之沐浴共和，亦只此一端。

园门东向，数为三，曰中门、曰左侧门、曰右侧门，是为外门。门前数武左右列陪房，门守之更宿所也。中门额题颐和园，系光绪手迹。敞阔无比，向例非帝后来，严扃（注：上闩，关门）不辟，盖贱不亵贵，卑不践尊，体制使然也。近中门旁，蹲踞丈余石狮二，二狮间限以叉，支红横木，阻人步越，名为管辖木。清制，凡王公府第，行政署前，俱置此，越之者处以罪。右侧门通园内，入为仁寿门，数如前，是为内门。内外门间，左右亦列陪房，以居园司。但供是职者，仍豚尾（注：指辫子）缭绕，红缨补褂，不与吾人同。……

（摘自《民权素》5期，1915年3月）

《颐和园之游记》（节选）

予等至宫门照壁前下车，照壁前有极壮丽之牌坊。从前无论何人，至此皆须步行。牌坊以南，各部公所在焉，以外交部公所为最宽敞。予等至门前，由典守者验照放入。

（自右向左）溥仪、润祺、溥杰、庄士敦合影

冯玉祥

予等入门后，即雇园中二役为前导，不仅可以指途径，并可以备咨询。其人皆甚襤褛，面有菜色，盖即以此为生活者也。

（摘自1914年5月28～29日《群强报》）

1924年5月23日，溥仪派他的英国师傅庄士敦管理颐和园。就在同年11月，政局发生重大变化。冯玉祥发动"北京政变"，将溥仪驱逐出紫禁城，并修改优待条件，不再有清帝移居颐和园的内容。溥仪终究没有住进过颐和园。

冯玉祥的"国民军"进驻颐和园后，国民政府的"清室善后清查委员会"会同清室办事处，将各殿宇陈设接收查封。但并未接收园林管理机构，依旧售票开放，"仅派员提款，不问园事，园内员役概仍其旧"。

至此，是不是颐和园的管理权已由清室转移到国民政府手中了呢？还没那么简单。1926年，京畿卫戍司令王怀庆由于曾经接受溥仪赏赐紫竹院的恩惠，竟然又投桃报李地把颐和园交还给了清室。原清室内务府派贝勒润　（溥仪的内弟）再次接管颐和园，并成立了"清室办事处经理颐和园事务所"。

从1912年至1928年，颐和园差不多一直是清皇室的私产，管理权经过数次易手。虽然它大部分时间都在售票开放，但未形成社会公共事业，从园林管理性质来讲，还不能说是真正的公园。

◉ **记录：《吴虞日记一则》**

1925 年 7 月 9 日（阴历五月十九）

同三女、四女坐汽车游颐和园，往来车费洋十元，酒资洋一元，门票每人洋一元二角，中排云殿又买票每人洋五角，谐趣园又买票每人洋二角，西餐洋共十元，饮茶洋七角六仙，汽车场停车洋三角，予买颐和园图一张，洋一角。四女为予买枣木手杖一根，洋五角。园中陈设全收，桌上花瓶，止余木座，尘凝数寸，门贴封条，惟睹其建筑之宏壮。湖似杭州西湖，水由玉泉山至。长堤种柳，绝似苏堤西泠桥一段，风景至佳。铜屋石舫，为园内特色。铜屋后一大穿衣镜，嵌入石壁，长几二丈，宽约一丈，庚子年为英人击碎无存，螺钉尚在。铜屋窗门，为意大利兵取去。长廊二百五十八间，外有石栏临湖，长与廊相若。湖中有舟，游湖可三元，则至三处。午后五时半，予等照像一张。

（摘自《吴虞日记》，四川人民出版社 1984 年版。

注：吴虞，时任北京大学教授）

除了对当时颐和园内风景、文物的描述，日记中对游览花费的记载也令人十分感兴趣。根据吴虞的日记，我们先列一个“支出表”：

类别	项目	费用（元）
交通	往返汽车费	10
	停车费	0.3
	司机酒资	1
游览	颐和园门票	1.2×3=3.6
	排云殿门票	0.5×3=1.5
	谐趣园门票	0.2×3=0.6
	游湖船票	3
饮食	西餐	10
	饮茶	0.76
购物	颐和园图	0.1
	枣木手杖	0.5
总计		30.36

吴家一行三人这次游览，共花费大洋30多元。这30多元究竟价值几何？查阅吴虞同期其他日记，可知他在北大任教期间的月薪是260元，这在当时属于高收入阶层，一次游园已花去他月薪的18左右。而他每月并不节约的生活开销，加上25元的房租，也才七八十元。当时的一元大洋，在北京可买大米10斤，在四川成都则可买米30多斤。另据资料显示：在20世纪20年代的北京，一个四口之家，每月伙食费只需12元，就可达到小康水平；一套8～10间房的四合院，每月租金不过20元。这样一估算，才能知道颐和园的游览价格是多么昂贵，对于一般小家过日子的老百姓，哪能逛得起呢？

三、1928年：正式成为公园

1928年，北伐战争取得胜利，南京国民政府派员入京。7月1日，颐和园被南京国民政府内政部接收，8月15日，交北平特别市政府进行管理。至此，颐和园完全脱离了皇家管理，正式成为国家公园。

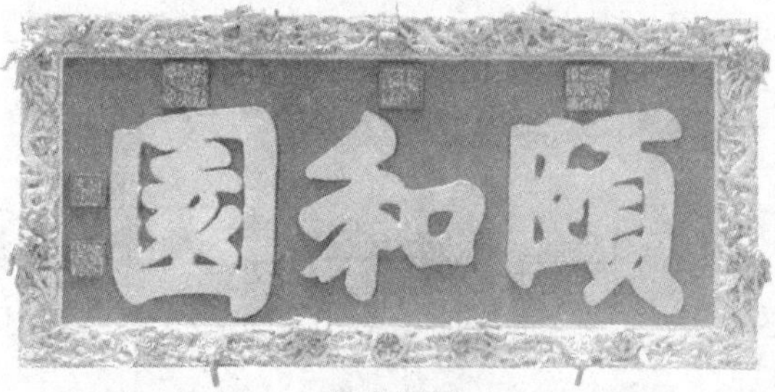

颐和园匾

尽管成了国家公园，但门票价格仍然是一元二。至1931年，降为一元，以后又随着货币贬值而不断上涨。相比于中山公园的票价大洋5分（1938年），北海公园铜元20枚（1938年），颐和园的门票要贵上数十倍，在北京所有公园中始终高居首位，票价的高门槛让普通百姓望而却步。

从公园售出游览券数据，可以看出：1933年全年，颐和园的售票数仅仅是北海公园的10%，中山公园的8％，差距十分悬殊。需要注意的是：中山、北海的数据都是大门票，不包括其他收费；而颐和园的数据除了大门票，还包括排云殿、南湖、玉泉山、乐寿堂、玉澜堂等分景点的售票数，存在重复计数，也就是说，实际进入颐和园大门的人数比列出的数字还要低。分析原因，除了中山、北海处于城中心，颐和园僻在西郊，交通不便外，颐和园票价昂贵，平民难以进入，亦是重要原因。

民国二十二年（1933年）公园售出游览券数统计表

	1月	2月	3月	4月	5月	6月	7月	8月	9月	10月	11月	12月	总计
中山公园	5904	9441	22906	82204	74513	37018	67630	52537	34245	24807	10060	7878	429143
北海公园	10592	6699	14424	43427	29994	34411	61584	54430	37923	21256	8006	17417	340163
颐和园	678	1028	1545	6840	2165	2146	3913	5484	4614	3509	1640	1025	34587

（根据《北平市政府统计特刊》1934年第2期数据整理）

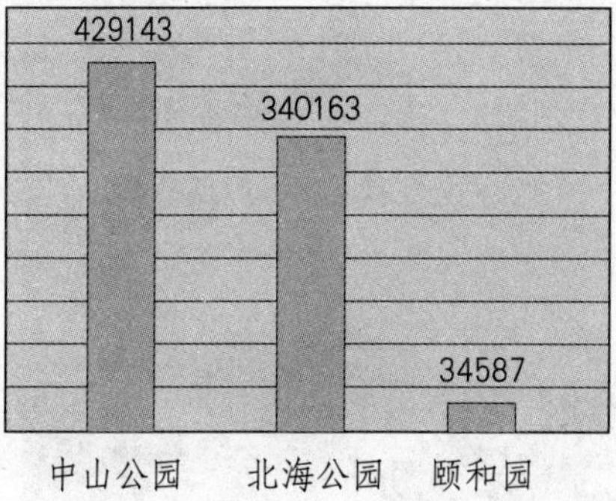

1933年三座公园总票数柱状图

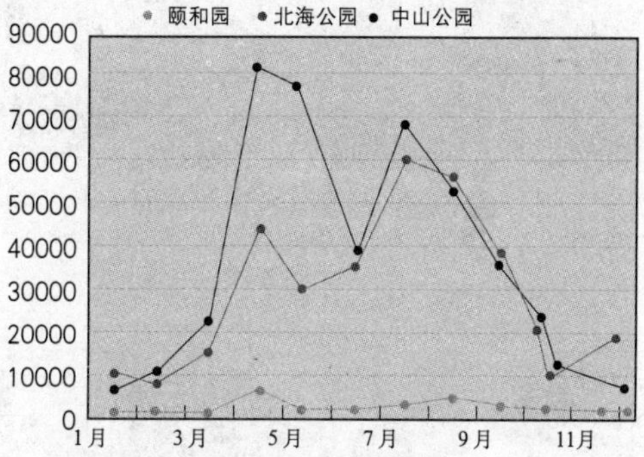

1933年三座公园游人分布时间曲线图

顺带分析中山、北海两园的票数差异：2～3月、6～11月均是不相上下。4～5月中山公园票数暴涨，想必是正当园中繁花盛开，赏花游人极多；而12月～1月北海反超中山，大概是北海冬日溜冰带来的旺盛人气。从数据的季节变化上，可以看出两座名园各自的特色。

1937年"七七事变"后，日军于7月31日占领了颐和园。后来日本人游园不仅不需购票，还有免费的茶水招待。1945年，为日本制造军火献铜，伪公务局从颐和园拆走多个铜缸和铜香炉，但还没来得及从天津出海，日本就宣布无条件投降了。

从1928年至1948年，颐和园一直作为国家公园开放。但政府对公园很少治理和修缮，园内许多地方成了军阀、官僚、政客、汉奸们的私宅。园林荒芜、彩绘斑驳、建筑残破，一派凄凉景象。

昆明湖游园船（民国年间摄影）

游人合影（民国时期摄影）

颐和园游人留影（民国年间摄影）

铜牛和十七孔桥（民国年间摄影）

颐和园东宫门（民国初年摄影）

1948年12月13日，颐和园获得解放。次年3月毛泽东到达北京后，首先来到颐和园益寿堂宴请民主人士，在《和柳亚子先生》的诗篇中，他写下了“莫道昆明池水浅，观鱼胜过富春江”的诗句。1949年4月10日，颐和园重新开放。

又是50多年过去了，今日的颐和园，仍然保持着它特殊的地位。它是世界上造景丰富、古建集中、保存最完整的皇家园林，有“博物馆公园”之美誉。从1949年到2000年，共接待中外游客3亿多人。1998年，由联合国教科文组织列入世界文化遗产名录。这座有着250多年历史的美妙园林，已成为属于全世界的著名大公园。

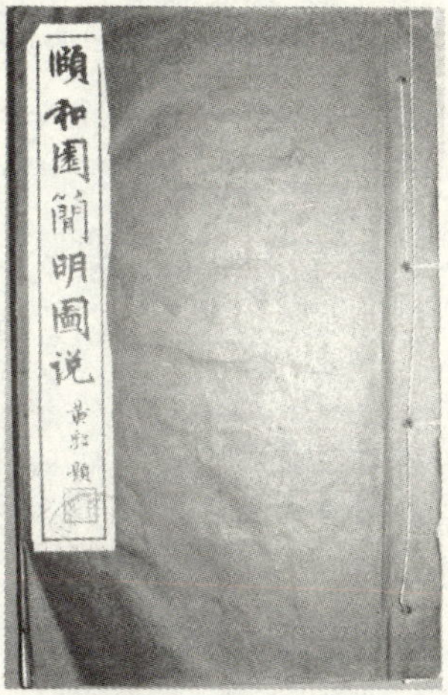

《颐和园简明图说》

民国二十四年（1935）北平市管理颐和园事务所编印，中国笺纸铅印线装。此书相当于“旅行手册”。

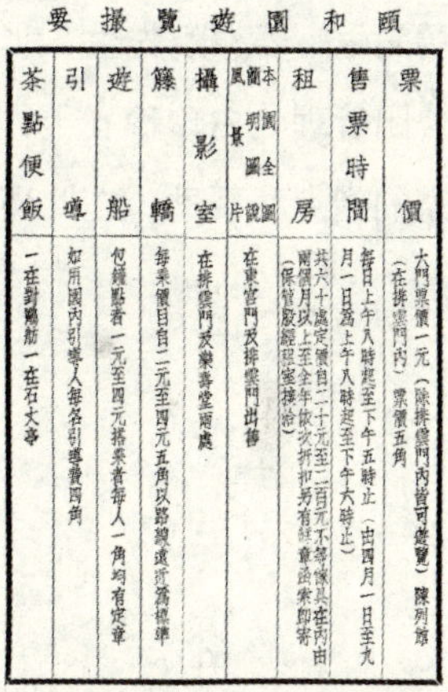

頤和園遊覽撮要

票價	售票時間	租房	本園全圖簡明圖說風景圖片	攝影室	籐轎	遊船	引導	茶點便飯
大門票價一元（除排雲門內皆可遊覽）陳列館（在排雲門內）票價五角	每日上午八時起至下午五時止（由四月一日至九月一日爲上午八時起至下午六時止）	共六十處定價自二十元至二百元不等傢具在內由兩個月以上至全年依次折扣另有細章函索即寄（保管股經理室接洽）	在東宮門及排雲門出售	在排雲門及樂壽堂兩處	每乘價目自二元至四元五角以路線遠近爲標準	包鐘點者一元至四元搭乘者每人一角均有定章	如用園內引導人每名引導費四角	一在對鷗舫一在石丈亭

书影《颐和园游览摘要》

后记

在本书写作过程中，我们得到了北京市公园管理中心高大伟先生，首都图书馆韩朴先生，首都博物馆姚安女士，北京市文史馆刘宗汉先生，东城区园林局李鸿斌先生，北京古代建筑研究所包世轩先生，中山公园管理处王来水先生、白杨先生、姜振鹏先生，北京动物园管理处杨小燕女士，北海公园管理处白珍珍女士，颐和园史料收藏专家陈宇先生等专家的指点和帮助，在此谨表谢感！

编者

2008.8